中年尤列

人間到處有青山

四大寇之**尤列**傳

尤曾家麗
黃振威
——著

中華書局

男兒立志出鄉關

志不成時誓不還

埋骨豈惟墳墓地

人間到處有青山

順德尤列

尤列墨寶

圖片來源
尤廸桓、尤曾家麗家藏照片

致中和，天地位焉，萬物育焉。

——《中庸》

目錄

序 008

第一章　**翩翩少年**　011
　・早年生活　013
　・結納同道　022
　・淺論「四大寇」　038

第二章　**革命遠志**　045
　・籌劃起事　047
　・中和初創　051
　・壯志未酬——楊衢雲遇刺　055
　・流亡東洋　058
　・轉戰南洋　062
　・中和堂的發展　064
　・革命在新加坡　070
　・避地暹羅　086
　・重返國門　087

第三章　　四海為家　　091

　　·奔走各方　093

　　·客居神戶　097

　　·編纂《四書章節便覽》　108

　　·文瀾再會　112

　　·定居香港　114

　　·尤列孔道思想雜談　122

　　·籌建孔聖堂　132

　　·振興國醫　138

第四章　　金陵星沉　　141

　　·「四大寇」的晚年　143

　　·魯殿靈光　147

　　·尤列門生與友人小考——
　　　從《順德尤列先生八秩開一榮壽徵文啟》說起　152

　　·力維統一　163

　　·南天抱憾　165

　　·再會故人　167

　　·長眠南京　174

　　·詒澤後世　180

結語　　209

附錄

　　·尤烈先生講詞　211

　　·尤烈先生一席談　215

　　·順德北水植基堂尤氏家譜　218

　　·尤氏考證　220

尤列生平大事年表　　223

參考書目　　236

序

在香港中環歌賦街，曾有一商號名「楊耀記」。那是楊鶴齡（1868－1934）的祖業，也是「四大寇」年輕時聚首之地。四人之中，孫中山（1866－1925）領導革命，創立民國，留芳百世。至於其他三位，一是尢列（1865－1936），二是楊鶴齡，三便是陳少白（1869－1934）。一直以來，學術界多把精力集中在孫中山及其對革命之貢獻，故有關孫中山的研究多不勝數。孫中山是眾星拱辰的革命領袖，這一點毋庸置疑，惟革命事業非一人能成，當中許多英雄豪傑也不該為歷史所遺忘。本書主人翁尢列便是其中之一。

尢列出身廣東順德富家，本該過着優渥舒適的生活，然而他與當時許多青年一樣，耳聞目睹清政府的腐敗無能、列強無止境的侵凌，義憤填膺，受時代的感召，毅然踏上革命一途，立下「志不成時誓不還」之宏志。以後為革命大半生飄泊，散盡家財，行蹤無定；又為親近百姓，懸壺濟世，宣揚革命思想；晚年生活貧困，需人接濟，惟仍憂懷國事，四出奔走，至死方休。

本書談尢列一生的足跡，也論其同時代人，以及他所身處的世界，特別是他與香港的種種關係。本書亦是尢列的家族史。有關尢列的研究甚少，原因有二。一，尢列生前的藏書、文稿等不是毀於火災，便是早已散佚。二，尢列一生低調，不慕名，不為利，對革

命一直抱功成不居的態度，以往事跡亦不彰，故流傳至今的記載不多。我們嘗試多方面搜尋資料，排比考證，客觀地重構尤列的生平面貌。

本書除自序外凡四章。第一章談尤列的青年時代。尤列舉目時艱，又是血性之人，加上深受儒家經典匡時濟世思想之薰陶，慨然以拯救蒼生自任；年青時曾作神州大地汗漫遊，對各地風土山川有第一身的了解。這對他成型中的革命思想自有重大裨益。

第二章重點考索尤列的革命歷程。他曾參與策劃乙未廣州起義的前期工作。起義失敗，志士星散，尤列亦出奔。後因不忍革命力量無以為繼，冒生命危險回港籌建中和堂。隨着國內起事接連失敗，尤列先是流亡日本，然後轉赴南洋。他在南洋寓居多年，努力傳揚革命思想，中和堂亦在他領導下，在新加坡、馬來亞等地日益壯大。他繼續在南洋各地籌劃革命，更一度受牽連而在新加坡身陷囹圄，出獄後暫住暹羅。辛亥革命前夕，他潛返中國，運動各方乘時而起，未幾終親見清政府倒台，河山轉新貌。

第三章談辛亥革命以後的尤列。革命成功以後，尤列退下火線，在寓居日本神戶時更埋首著作，編成《四書章節便覽》等書，其後返港生活，一住多年，繼續宣揚孔道，且協助創建孔聖堂。

第四章談尤列的最後歲月。當時他雖老病交侵，仍堅持扶着帶病之軀，為國事效奔走之勞，1936 年 11 月 12 日尤列在南京逝世。尤列的死忌恰恰是孫中山的生忌。兩人相識相交在廣東，死後卻歸葬江蘇紫金山、小白龍山同一山脈，見證二人同心為國，至死不渝。

第四章之後是本書的結語。附錄部分收錄了一篇尤列講稿、一篇訪談，以及尤氏家譜和〈尤氏考證〉一文，讓讀者能對尤列的生平、思想和家族有更深入的了解。〈尤氏考證〉是尤列孫尤嘉博先

生的遺作。嘉博先生雅好文史，慎終追遠，生前致力搜求有關祖父尤列的文獻，嗣後編成《尤列集》一書。本書得以完成，實有賴嘉博先生前此蒐集、編輯遺文之功。〈尤氏考證〉旁徵博引，考鏡尤列之「尤」的源流，甚有貢獻於尤列之研究。現重錄此文，以為紀念。

尤列一生，視孔道為人生圭臬，並與救國相終始。他的生平志事，湮沒無聞太久，我們希望透過這本小書，讓廣大讀者重新認識尤列這個人。

本書得以完成，實有賴許多人的幫忙。新加坡晚晴園—孫中山南洋紀念館副館長葉璞女士惠賜圖片，李國樑先生提供一葉樓孔道講堂的資料，尤家各人分享家族成員的生活點滴並概予照片，均令本書生色不少，在此敬致謝忱。感謝梁紹傑博士以往的指導，以及傅錡華博士、傅仲熊先生、楊興安博士、蕭潤君先生、林華煊先生的支持和鼓勵。趙令揚教授生前殷殷勸勉，惜已在上年遽歸道山，未及見到此書的出版。另外，已故香港大學校友杜志昌醫生曾惠贈其祖父杜南（1854－1939）在吉隆坡中和講堂的留影。在此謹一併向趙令揚教授和杜志昌醫生遙致敬意。

最後，衷心多謝中華書局（香港）有限公司副總編輯黎耀強先生接納書稿出版及細心校閱全書內容。

史海浩瀚，筆者學殖所限，疏漏在所難免，還望讀者不吝賜正！

是為序。

尤曾家麗　黃振威

2020 年 8 月 1 日

翩翩少年

第一章

又嘗背《易》至「湯武革命，順乎天而應乎人」句，

南朗以戒方猛撲先生首曰：

「我要爾畢生記此一句。」

先生隱忍受之，究莫明其妙。

——〈順德尤列先生事畧〉

早年生活

在中國近代史的進程中，廣東起着舉足輕重的作用。南海、番禺、順德等更是富饒之區，且得風氣之先；在西潮激蕩的晚清時期，粵人積極引進西學，令國人耳目一新。廣東更是革命發源地，許多領袖人物均為粵人。尤列（1865–1936）便是其中之一。

尤列家族譜系源遠流長。他曾謂「吾宗肇自姬周文王第十子聃季，食采於沈，以沈為氏」，從秦朝逮五代，在福建為望族，惟「後因閩王審知稱王，朝廷討之，以沈為犯諱，族人懼，遂去水為尤，或有去點加書，而為冘者，皆同出沈姓也」。[1] 可見尤氏家族始姓沈。

尤列因決心革命，為怕連累族人，故將姓氏除去「尤」的上點而為「冘」。[2] 事實上，「冘」是正字，「尤」反而是俗字。[3] 尤列選擇可唸作「汪」字的「冘」，或是為了掩人耳目，方便活動。

尤列是遷粵第十六傳孫，[4] 1865 年 2 月 22 日（乙丑年正月廿七日）生於廣東順德北水鄉新基坊，屬牛，家中排四，字令季，幼名季榑，學名其洞，原字惟孝，別字少紈，號小園，又號吳興季子，晚號鉢華道人。尤列「家世耕讀，代有明德」，祖父尤禹亭著有《十三經注疏前文音釋》，父尤雲紈則著有《尚友草廬文集詩集》、《四庫窺斑錄》及《四史詔令》。[5] 尤列家道豐厚，父有「尤百萬」之稱。[6]

---

1 尤列：〈順德尤氏世系考略（上）〉，《小日報》，1936 年 9 月 4 日。按，尤列經常被人寫作「尤烈」、「尤列」等，已成慣例，故本書並存這些寫法，只在正文中標示正確寫法。

2 冼江：《中國中和黨總理尤列革命年表》（出版地不詳：作者自刊，1948 年），無頁數。冼江為尤列門人。

3 有關「冘」字的考證，詳見尤嘉博（1919–2002）：〈冘氏考證〉，收於尤嘉博編：《尤列集》（香港：尤嘉博自刊，2002 年），頁 329–331；亦見本書附錄。

4 尤列：〈《尤氏大統宗譜》序〉，《小日報》，1935 年 8 月 15 日。

5 〈順德尤列先生事畧〉，收於不著撰人：《順德尤列先生八秩開一榮壽徵文啟》（無出版地：無出版社，1935 年），頁 1 上。

6 楊拔凡、楊興安：《楊衢雲家傳》（香港：新天出版，2010 年），原稿手跡影印，頁 96。

尤列四歲開始接受教育，在跟隨老師學習的同時，亦受粗通文墨的母親羅氏教養。他讀書過目成誦，有驚人的記憶力，孫中山（1866－1925）譽之為「石龜肚」。九歲時與三兄六弟同受業於陸南朗先生。陸號蒲泉，為南朗鄉人，具文名，兄弟多科甲出身，唯獨陸好學術而不尚功名。陸南朗是一個有民族氣節之人，時寓民族大義於講課之中，「皆前後五代宋元明交替史事，及《荊駝逸史》諸種」，至論五胡亂華或煤山自縊等處，「則必泣下沾襟」。陸又着尤列畢生銘記《易經》中「湯武革命，順乎天而應乎人」一語。[7] 尤列謂「湯武革命，孔子謂為順乎天應乎人，是革命之舉，孔子早已許可」，[8] 換句話説，就是他認為孔子（公元前 511－前 479）也支持革命。可見陸南朗的教誨，對尤日後走上革命一途有決定性的影響。

尤列博覽群書，醉心學問，經史子集，均有披閱，行文寫詩，經常引經據典。後來更旁及釋書。二十歲時耳聞因明學（即古印度的邏輯學）之名，三十歲得因明學著作，然而讀不懂，無從入手，即使向師友請教，亦無人通曉。五十歲時在日本神戶三宮舊書攤購得《三十三過本作法》〔《因明三十三過本作法》〕細讀，始略懂其中的奧義。[9]

尤列對儒、釋二學特別感興趣。他對史學也有很深認識，曾對《史記》下過相當功夫，在詩文中常引用書中典故。[10] 他藏書甚多，其著作及書籍曾存放在九龍太子道六十八號其友人何棟泉的天台一小房間中，惜日治時代毀於炮彈，化為灰燼。尤列對孔子之教懷着一生的

7　〈順德尤列先生事畧〉，頁 1。

8　尤烈：〈尤烈先生講詞〉，《樂天報》，1923 年第 52 期，頁 18－22。

9　〈致友人論學函〉，收於《尤列集》，頁 252－253。

10　例如〈庚子暮秋至上野〉，《小園詩存》，收於《尤列集》，頁 261。

敬意，認為孔道足以匡時救世。他不是那些恪守師說家法的經學家，而是將經學與世事結合。他又主張倫理救國，深信孔子是中國政治家的大導師，「其義則尊帝而非尊王，志在唐虞」；[11] 推崇堯舜，甚至「昔年夢寐見唐虞」，[12] 連做夢也想着二人。他認為孔子刪書，斷自堯舜（即唐虞），堯舜至孔子生活的時代，沒有第三個帝；堯舜皆禪讓天下，「非今之大總統制而何？」[13] 他以中國古代的禪讓比擬大總統制，可見他是在古代經典中尋找現實政治的根據。

尢列也閱讀新學著作，在 1897 年至 1898 年間曾閱讀嚴復（1854－1921）的《天演論》。[14] 這一部書對他那一代知識份子，有極深遠的影響。

尢列年青時家道富裕，「父家方盛時，其家人有日以鮮蓮子泡水漱口者」，[15] 而他則「每出入必肩輿，假廚役為長隨以從其後」，[16] 出入坐轎，且有隨從，是典型富家子弟的派頭。他對飲食相當講究，稱得上是個食家，好飲鉢酒[17]、白蘭地，喜歡吃西餐，在南洋時則尤嗜吃

11　溫公良：〈憶述尢列先師言行〉，收於《尢列集》，頁 153－158；冼江：《尢列事略》，收於《尢列集》，頁 90。

12　〈大總統府即事〉，《小園詩存》，收於《尢列集》，頁 269。

13　T'ang Leang-li（湯良禮，1901－1970），*The Foundations of Modern China* (London：Noel Douglas, 1928), pp. 5-6；《尢列事略》，頁 90。

14　〈尢烈先生講詞〉。

15　《楊衢雲家傳》，原稿手跡影印，頁 96。

16　陳少白（1869－1934）：《陳少白自述》（北京：人民日報出版社，2011 年），頁 114。

17　尢列「鉢華道人」一名或與鉢酒有關，因 "Port Wine" 的譯音與「鉢華」近似。當然「鉢華」亦可能與佛家「優曇鉢花」有關，因為尢列對佛典也有相當認識（在古文中，「花」通「華」）。「優曇鉢花」又稱「優曇花」，根據《法華文句》卷四上所載，這種花三千年開花一次，開的時候金輪王出世，是佛的瑞應，比喻事物不常見或只是短暫存在。詳參星雲大師（1927－）監修，慈怡主編：《佛光大辭典》（高雄：佛光出版社，1988 年），下冊，頁 6230－6231，〈曇花一現〉條。

人間到處有青山：四大寇之尤列傳

廣東順德北水新基坊河涌
圖片來源：尤迪桓、尤曾家麗拍攝照片

尤列故居

圖片來源：尤迪桓、尤曾家麗拍攝照片

蚶。[18] 1881 年才十六歲已作神州、東洋汗漫遊，先赴上海考察民情，再往日本的長崎和神戶。1882 年春歸上海，往還於杭州、嘉興、蕪湖、蘇州、常州和鎮江之間。時其二兄尤仲鑑隨岳家許氏在江蘇按察署工作，故他在蘇州稍作停留。同年冬，在上海乘搭招商局輪船赴朝鮮仁川，返國登岸時夜已深，遂至天仙茶園訪友，不遇；適值洪門開會，尤列遂付費入會。[19] 尤列加入洪門一幕，極具戲劇性。蓋洪門乃秘密會社，對外來人自抱戒心，似非輕易讓陌生人加入。不過亦有一種說法，即洪門公開集會時，在所發通知中，多有「歡迎新哥弟參加」的字樣，[20] 所以尤列由此加入洪門也非完全不可能。

尤列離茶園，回寓後想到洪門宗旨是反清復明，猛然醒悟這與陸南朗所言無二致。旋到南京，欲觀太平天國遺跡，惟時人多所忌諱，不敢談及，故所得無多。他在 1883 年春返回上海，轉天津赴北京，欲到東三省一觀塞外之情況，時值二月，北地苦寒冰封，對南人來說如入雪境，故到達錦州後，便折返北京，從嶺南大儒陳澧（1810－1882）門人番禺梁杭雪讀書於報房胡同法華寺。1884 年從十八站南下，再訪蘇杭，同年秋冬之際，由鎮溯江，下漢口、長沙、衡州、永州、桂林、梧州等地，然後返回廣東，回鄉度歲。[21] 梁杭雪是廣東名儒，原名梁于渭，字鳴飛，號杭雪、杭叔，1889 年中進士，授禮部主事一職，「高才博學，以未獲館選，得心疾，假歸，不復出」。梁精於繪事，後

18　〈尤少紈嗜蚶成習慣〉，《世界晨報》，1937 年 7 月 9 日；孟父：〈尤列與袁世凱往還經過補述〉，收於《尤列集》，頁 105；《陳少白自述》，頁 115。尤列好飲白蘭地，可能與他曾長居新加坡有關。十九世紀末，李鍾珏在《新嘉坡風土記》中謂「叻（筆者按，新加坡）中酒樓無多，廣菜、番菜各一二家，凡宴客在各家園林者，多菜兼中西，酒飲白蘭地、威四辦（筆者按，威士忌）、香賓等番釀，飲粵東糯米等酒者已少，紹興酒則如瓊漿玉液矣。」詳見饒宗頤（1917－2018）編：《新加坡古事記》（香港：香港中文大學出版社，1994 年），頁 159、168。

19　《尤列事略》，頁 59。

20　吳蔭：〈國父老友尤列〉，收於《尤列集》，頁 106－117。

21　《尤列事略》，頁 60；尤列：《孔教革命》，收於《尤列集》，頁 222。

依靠畫畫販畫維生，然而為人有堅持，「非奇特之士，亦不愛之」。晚年生活潦倒，「困頓以終」。[22] 尤列拜師時，梁杭雪猶未高中。

1884 年，尤列過上海時，有感而發，賦詩一首，題為〈黃歇浦偶吟一章錄呈諸吟壇正拍〉，當時十九歲的他自署「嶺海無聊客尤少紈」，或許作詩時仍在摸索階段，內容還是比較稚嫩：

極浦潮生接遠天，不須波浪也雲煙。半江笳鼓風盈樹，萬國旌旗夜泊船。

有客題詩怨黃鶴，誰人和曲唱青駹。行行飛絮東流去，無限吟情落水邊。[23]

尤列北行，旨在省覽中國山川形勢。1885 年春，第二次北上，經上海、天津而至北京，寓南城外仙城會館，仍從梁杭雪讀書。這幾年間，中國屢遭外侮，先是 1881 年的伊犁條約，然後是稍後爆發的中法戰爭，尤列乘搭輪船時，眼見中國旅客多受外國戰艦檢查，「則心痛眦裂」。尤列某次與施炳光同船，施知道他對此非常不滿，乃對眾謂尤列「必愛國之士也」。[24] 尤列的民族主義在這時已開始萌芽滋長。

那麼，施炳光又是何許人？原來他是在香港生活的混血兒，1885 年在中央書院（Government Central School）第一班，後來當上清

22　周肇祥：〈清梁于渭畫早菱〉，《藝林月刊》，1930 年，第 2 期，頁 14；謝文勇：〈清代廣州的兩位民間狀元〉，《廣州研究》，1986 年，第 2 期，頁 42。

23　尤少紈：〈黃歇浦偶吟一章錄呈諸吟壇正拍〉，《字林滬報》，1884 年 8 月 19 日。

24　〈順德尤列先生事畧〉，頁 2 上。

池原雅壽講《因明三十三過本作法》書影，出版時間未詳。此書是《因明三十三過本作法》的講義。

圖片來源：黃振威藏書

本作法

二アラサルコトヲ。

問云聲非耳所聞時唯有現量相違耶答亦有世間相違自敎相違也意云世間人皆知聲耳所聞而云聲非耳所聞違世間故亦有世間相違亦聖敎說聲耳所聞而云聲非耳所聞違自敎故有自敎相違雖有三過現量相違勝故疏云雖此亦有違敎世間今者但取現共量。

〇自敎相違ハ吾人ノ聖敎ト相違スルヲ云フ世間相違ハ一過ノ中ノ第三過ナリ自宗所依ノ聖敎ニ立ツルヲ自敎相違ト云フ委シク後ニ至リテ知ルベシ。

〇世間相違ハ宗ノ九過中第四過ニシテ世間普通ノ所說ニ相違スルヲ云フ後ニ至リテ詳ニ論ズベシ。〇聖敎ト云ハ本書敎ニ作ル内外……

緯門或ハ第一譬ニ依ル云フ如ク時ハ彼若心擢門ニ對ノ五根トキ…五根モ空ナリ豈トシテ耳ノ閒タ…而モ力モ真實ノ妙理ヲ證顕スルコトヲ得ルナリ以…テ設ケシ者ハ吾人ヲシテ現見ノ事實ヲ確認セシメ…ヲ冠シテ其答ヲ免カルヽ法アレハ決シテ人ヲシテ卑淺ノ俗見ニ局東セシムル…

聲ハ耳ノ所聞ニあらずと云ヘル宗ハ…或ハ第一譬ニ…といふカ簡別ノ言…無過ノ宗ヲ成セムル…

……三十一

政府駐朝鮮欽差大臣。[25] 以後，尤列認識不少來自該校的社會精英，受他們影響甚深，甚至門人亦有出身自皇仁書院者，後來將佛典《成唯識論》譯作英文的韋達（？－1977），便是其中之一。[26]

尤列又曾從南海孔繼蕃和羅照滄讀書，二人是陳澧和鄒伯奇（1819－1869）的門人。[27] 1866 年，《南海縣志》重修，作為廣東天文學和地理學的權威，鄒伯奇肩負了《南海縣志》的測繪工作。他安排門人、學海堂專課肄業生孔繼蕃參與了同治《南海縣志》的繪圖工作，而另一門人、監生羅照滄則「分繪闔邑輿地」，協助鄒伯奇測繪工作。[28] 尤列或從孔、羅二人學習測量繪圖之學及數學。1886 年，尤列進廣州算學館求學。[29] 晚清知識份子目睹時艱，為了國家富強，多尚新學。尤列選擇學數，或出於這樣的考慮；後來曾取名 Euclid，一方面取其發音與本名相近，一方面可見他喜歡數學，蓋 Euclid 是古希臘數學家歐幾里得（公元前 325－前 265）之名。尤列好友徐紹楨（1861－1936）亦精通數學，[30] 相信時有切磋。

25　*The Hong Kong Government Gazette*, 25 April 1885, p. 357；〈施玉書玉麒昆仲令堂馮太夫人安息禮拜由簡悅強爵士等扶柩〉，《工商晚報》，1974 年 2 月 20 日。施玉書是會德豐有限公司（Wheelock and Company Limited）秘書。又參丁新豹、盧淑櫻：《非我族裔：戰前香港的外籍族群》（香港：三聯書店，2014 年），頁 206－207。按，皇仁書院（Queen's College）前身為中央書院。1862 年至 1889 年稱中央書院。1889 年至 1894 年稱維多利亞書院（Victoria College），1894 年後則沿用今名。Gwenneth Stokes & John Stokes, *Queen's College: Its History 1862-1987* (Hong Kong: Queen's College, 1987), pp. 33, 239-240, 243-244.

26　高永霄：〈悼念韋達碩士（三）〉，《華僑日報》，1977 年 9 月 20 日；《孔教革命》，頁 173；Brian Edward Brown, *The Buddha Nature: A Study of the Tathāgatagarbha and Ālayavijñāna* (Delhi：Motilal Banarsidass Publishers, 2010), Selected Bibliography. 按，尤列二位孫兒亦曾在皇仁書院就讀。詳見第四章。

27　《孔教革命》，頁 222。惟未知孔、羅二人是否尤列在算學館時的老師。

28　李薇：〈淺論晚清科學家鄒伯奇的方志輿圖測繪成就〉，《黑龍江史志》，2016 年第 2 期，頁 60－64。

29　《尤列事略》，頁 60。

30　劉禺生（1876－1953）：《世載堂雜憶》（北京：中華書局，1960 年），頁 141－142，〈徐固卿精曆算〉。

尤列對象數易理、邏輯等均有研究，通中醫之術，亦懂看相。1891 年，尤列、孫中山、楊衢雲（1861－1901）等同赴友人羅文玉在香港舉行的婚宴。據說尤列「雅擅風鑑，顧謂衢雲曰，逸仙貌似洪天皇，盍好自為之，一座歡呼」，又對人說孫「不獨貌似洪天皇，其兩目重瞳，其行如龍驤虎視，將其大也，抑遠過之」。[31] 果然，日後孫中山成了中國的偉人。

結納同道

尤列在廣州算學館讀書三年。[32] 他與孫中山的邂逅始於 1886 年。仲夏某天，尤列與族兄尤裕堂同往廣州十三行一水果店。尤裕堂目睹其博濟醫院同學孫中山、鄭士良（1863－1901）等因購荔枝事與店伙爭論，遂上前排解。尤列因此初識孫中山。[33] 馮自由（1882－1958）的說法則略有出入，謂尤列偕尤裕堂至博濟醫院訪友，故得以認識孫、鄭兩人。[34] 不過可以肯定的是，尤列是在廣州認識孫中山的。當時孫正在博濟醫院學醫。[35]

尤列與孫中山當時談不上深交，「均未敢披瀝肝膽引為同志也」。[36] 不相熟是主因，然二人革命思想未成熟也是事實。尤列數十年後回

31　葉夏聲（1882－1956）：《國父民初革命紀畧》（廣州：孫總理侍衛同志社，1948 年），頁 7－8。

32　馮自由：〈尤列事略補述一〉，收於馮自由編：《革命逸史初集》（上海：商務印書館，1946 年），頁 28－33。

33　《尤列事略》，頁 60。

34　〈尤列事略補述一〉。

35　Sun Yat Sen, *Kidnapped in London* (Bristo: J W Arrowsmith Ltd. & London: Simpkin, Marshall, Hamilton and Co.,1897), p. 10.

36　〈尤列事略補述一〉。

憶，謂「當初本為好友，後方從事革命」。[37] 孫中山最初並非傾心革
命，而是希望清政府能透過改革，拯救傾頹的國勢；曾有一段時期，
他徘徊於革命與改革之間。[38] 二人初識，僅為意氣相投，並非一開始
便高談革命。兩人革命思想各自獨立發展，似乎不是孫啟蒙尤，或是
尤影響孫。[39]

　　1888 年尤列當廣東沙田局丈算總目，幹了一會便離去，1889 年
至 1890 年任廣東興圖局測量生，曾被派充中法越南定界委員之助
手，因不想離開廣東，故辭職他去。[40] 1892 年，剛巧香港總登記官
署（Registrar General's Office）招考華文書記，尤列「忖香港乃
言論自由之地，藉此為革命遊說，計亦良得」，遂赴港投考，應考者
踴躍，有逾四十人。尤列脫穎而出考上，在香港政府擔任華文書記一
職。[41] 他投考另一可能原因，是他得悉香港乃一繁華都市，中西食肆
林立，希望藉着這份工作，以便遊走於粵、港兩地，擴闊眼界。時香
港乃英國殖民地，香港政府着力經營，與清政府管治下的中國迥然
不同，尤列大有耳目一新之感。在當時的香港政府官書中，可以找
到尤列的名字。記載不稱尤列而為 Yau Ki-tong，即尤其洞；職銜為
Chinese Writer, Registrar General's Office，即總登記官署（後稱

37　〈尤烈先生一席談〉，《香港華字日報》，1925 年 3 月 26 日。

38　Harold Z. Schiffrin, *Sun Yat-sen and the Origins of the Chinese Revolution* (Berkeley and Los Angeles: University of California Press, 1968), pp. 34-40.

39　例如在《中國中和黨總理尤列革命年表》中，冼江謂尤列 1904 年介紹孫中山加入洪門（頁 2）。徵諸史實，這一記載不確。孫中山是在檀香山致公堂國安館加入洪門。詳參陳錫祺 主編：《孫中山年譜長編》（北京：中華書局，2003 年），上冊，頁 303。尤列謂「吾與 孫中山十餘歲時，則〔即〕入洪門，係在上海入者」（〈尤烈先生一席談〉），顯然是記憶 有誤。

40　〈順德尤列先生事畧〉，頁 2 下；〈尤列事略補述一〉；《尤列事略》，頁 62。

41　〈尤列事略補述一〉；《尤列事略》，頁 62；《陳少白自述》，頁 114。

(I 40)

OFFICE.	NAME.	Date of Appointment.	By whom appointed, and under what Instrument.	Annual Salary in Dollars.	From what Fund the Salary is paid.
				$ c.	
REGT^L GENERAL'S OFFICE,—Cont^d			Brought forward,...	237,492.00	
Chinese Writer,	Yau Ki-tong.	29th June, 1892.	The Governor, by C.S.O. 1570 of 1892.	180.00	
Do.,	Ching Ún.	1st February, 1888.	The Governor.	180.00	
Do.,	Ip Pak-shau.	„	Do.	180.00	
Do.,	Lam Tslin.	1st June, 1876.	The Governor, by C.S.O. 1161 of 1876.	120.00	
Do.,	Yung Kan.	4th July, 1874.	The Governor, by C.S.O. 1820 of 1874.	120.00	
Inspector,	John Lee,	1st January, 1891.	Secretary of State's Despatch No. 281 of 26th Nov., 1890.	1,608.00	Revenue of the Colony.
Do.,	Wm. Horton.	„	Do.	1,844.00	
Office Attendant,	Wai Kin.	1st June, 1876.	Schedule of Establishment.	120.00	
Do.,	Lo San-chi.	11th February, 1878.	Do.	96.00	
Messenger,	Lo Mún-wo.	1st February, 1891.	Do.	72.00	
Do.,	Ch'an Piu.	1st September, 1892.	Do.	72.00	
Do.,	K'wong Chi.	1st November, 1891.	Do.	72.00	
4 Boatmen, (1)	{ 3 at $72.00 each. } { 1 at $84.00 }	......	......	300.00	
			Carried forward,...$	241,956.00	

REMARKS.

(1) Exclusive of Establishment.

香港政府官方文獻中有關尤列（Yau Ki-tong）的記載

圖片來源：“Civil Establishments of Hong Kong for the Year 1892”，*Hong Kong Blue Book for the Year 1892*, p. I40.

華民政務司署）的華文書記，年薪一百八十元正。[42]

　　1880 年代的中環歌賦街是一個華人聚居的商住地段。那裏有賭館[43]、占卦算命[44]、私寨妓[45]、俱樂部[46]，另外也有民宅[47]，門牌三十九號是《循環日報》報館所在，[48] 還有位於「中環百步梯上街」的中央書院[49]。因此，歌賦街可說是一條匯聚多元文化的街道。孫中山、尤列等聚腳之地楊耀記便在這條街上。某次尤列往該店，訪其算學館學友楊鶴齡（1868－1934），當時孫中山在港習醫，因與楊有同鄉之誼，常至楊耀記串門聊天。尤列再遇孫中山，時多人在坐，孫中山意氣激昂地縱論時政，尤列跟眾人謂「諸君未見洪秀全？」、「此人之頭腦即與洪秀全同樣矣」。孫為人較世故，不想別人知道他如洪秀全（1814－1864）般欲推翻清政府，遂借故引開話題，笑說尤列為游智開（1816－1900）。皆因「尤」和「游」同音，游時任廣東布政司。[50] 尤列是富家子弟，性格率真，說話直腸直肚，年少不懂忌諱，故陳少白稱其「好大言」。[51] 孫的對答亦妙，反映其應對急才。翌日，孫中山在路上遇到尤列，遂邀尤往威靈頓街杏讌樓西菜館聊天，大談彼此理

42　"Civil Establishments of Hong Kong for the Year 1892", *Hong Kong Blue Book for the Year 1892*, p. 140. 這一條資料承梁紹傑博士提示，特此鳴謝。按，尤列族人以「其」字排，其堂弟（亦是其門人）名尤其珍（1894－1977）。詳見《孔教革命》，頁 223；〈順德北水植基堂尤氏家譜〉，收於《尤列集》，頁 332－333。

43　〈賭館被查〉，《循環日報》，1881 年 4 月 23 日。

44　〈騙案詳枭〉，《循環日報》，1882 年 11 月 11 日。

45　〈開棺勘驗〉，《循環日報》，1883 年 1 月 8 日。

46　*The North-China Daily News*, 20 October 1888.

47　〈竊匪被拘〉，《循環日報》，1882 年 7 月 27 日。

48　〈案錄〉，《循環日報》，1885 年 6 月 27 日。

49　〈聚文閣英華書籍發售〉，《循環日報》，1885 年 9 月 12 日。中央書院最初是在歌賦街，1889 年遷往鴨巴甸街及荷李活道交界。

50　〈尤列事略補述一〉。

51　《陳少白自述》，頁 114。

念，一拍即合。[52]

尤列又與楊衢雲訂交。楊與謝纘泰（1872－1938）、劉燕賓、溫宗堯（1867－1947）、周昭岳、羅文玉、胡幹之等合組輔仁文社於香港，[53] 社址設在香港中環百子里一號二樓，以宣揚政治思想改革為宗旨。社訓是拉丁文 "Ducit Amor Patriae"，即引領愛國之意。[54] 以其結構而言，充其量只能說是一個較鬆散的知識份子聯誼組織。它的創立，有開通民智之目的，但尚稱不上是革命團體，因為日後只有少數輔仁文社成員加入革命組織如興中會，而且楊衢雲、謝纘泰等當時的政治思想與康有為（1858－1927）和梁啟超（1873－1929）較接近。[55] 輔仁文社成員多來自香港的西式學堂，其中謝、溫、周、羅四人更是中央書院最優等的高材生。[56] 各人均為兼通中西的香港新銳知識份子。

羅文玉與尤列同為順德人，故特別投緣，遂介紹尤列入社；以年齡論，羅應較尤年輕。[57] 周昭岳與尤列的友誼維持了數十年，是尤列七十大壽慶祝發起人之一。[58] 尤列得與諸人砥礪學問，益受新知識的洗禮。1892 年秋，羅文玉在香港上環壽而康酒樓舉行婚宴，文社各人均到賀，尤列亦是來客之一，與楊衢雲憑欄論時務。楊比他年長四

---

52 〈順德尤列先生事畧〉，頁 3 上。

53 《尤列事略》，頁 62。

54 王興瑞：〈清季輔仁文社與革命運動的關係〉，《史學雜誌》，1945 年，創刊號，頁 35－45；王賡武編：《香港史新編（增訂版）》（香港：三聯書店，2016 年），上冊，頁 191。

55 〈清季輔仁文社與革命運動的關係〉。特別是謝纘泰，詳見 Tse, Tsan-tai, *The Chinese Republic: Secret History of the Revolution* (Hong Kong: South China Morning Post, 1924), pp. 10-11。

56 *The Hong Kong Government Gazette*, 22 January 1887, p. 59; *The Hong Kong Government Gazette*, 18 January 1890, p. 65.

57 *The Hong Kong Government Gazette*, 18 January 1890, p. 65；《中國中和黨總理尤列革命年表》，頁 1；《尤列事略》，頁 62－63。筆者按，羅文玉 1890 年仍在維多利亞書院第一班，是該校最高的級別，如以一般學生離校年齡推論，估計他當時大約是十八歲至二十二歲之間。

58 《順德尤列先生八秩開一榮壽徵文啟》，頁 4 上。

歲，所説皆為政治事，使他大感詫異，遂詢其家世。楊謂「先世讀史棄官出洋」，然後再暢論自己身世。尤列進而引導楊談種族問題。大家談得投契，散席後，楊衢雲赴他的寓所。時尤列搭住楊耀記，孫中山亦居於此。楊衢雲與孫中山晤面。各人有志一同，以後過從漸密。[59]

輔仁文社在 1892 年成立，是十九世紀香港一個重要的新鋭知識份子團體。現根據各項資料，嘗試整理生平可考的社員簡傳如下：[60]

<hr />

59　〈順德尤列先生事畧〉，頁 2 下－3 上。

60　謝纘泰在自撰呈給駱克（Sir James Haldane Stewart Lockhart, 1858-1937）的英文履歷表中 1890 年條謂「在香港創立輔仁文社」（Founded The Chinese Patriotic Mutual Association 〔…〕 in Hongkong），可能是弄錯了創立年份，但亦可能不是誤記。或許早在 1890 年輔仁文社已略具雛形，惟尚未有固定組織，到了 1892 年才正式成立且有社址。詳見 "Tse Ts'an Tai: Political Biography", Letter 51 (Including Political Résumé and Political Biography", (Hong Kong,12 September 1912), in Sonia Lightfoot, *The Chinese Painting Collection and Correspondence of Sir James Stewart Lockhart (1858-1937)* (Lewiston, N.Y.: Edwin Mellen Press, 2008), Appendix 1, Correspondence: Tse Ts'an Tai and Sir James H. Stewart Lockhart, pp. 154-156. 社員名字根據〈香港之革命樓畧：馬小進廣播演講〉，《大公報》（香港），1941 年 9 月 20 日；〈清季輔仁文社與革命運動的關係〉；李金強：《中山先生與港澳》（台北：秀威資訊科技，2012 年），頁 113－124。李金強整理了輔仁文社成員之生平，惟錯誤之處不少，如謂黃國瑜為廣東南海人（頁 120）、陸敬科生於 1863 年（頁 121－122）等。相關糾正見下。本表則主要根據各種原始資料整理。惟因年代久遠，史料散佚，無法全面考證社員的完整名單，故表中所列僅是部分而已。

表 1-1　輔仁文社成員一覽

名字	字	生卒年	籍貫	
尤列	惟孝、少紈等	1865－1936	廣東順德人	
何汝明（何星儔）	未詳	未詳	廣東香山人	
周昭岳	未詳	未詳	廣東人	
胡幹之	未詳	未詳	廣東番禺人	
陳芬	未詳	未詳	廣東開平人	
陳鑲勳（陳曉雲）	未詳	？－1906	廣東南海人	

生平簡歷	資料來源
詳見本書討論。	
年青時在聖保羅書院就讀，曾任聖保羅書院總教習。基督徒。兒子何恩錫（1886？－1912）是皇仁書院高材生，後赴英國讀法律，回港當律師，惜英年早逝。何星儔後為廣華醫院主席。	"In Memoriam," *The Yellow Dragon*, Vol. XIII, No.5 (January 1912): 268. 〈何恩錫律師榮旋〉，《香港華字日報》，1910 年 9 月 30 日。 〈廣東巡視廣華醫院詳情〉，《香港工商日報》，1930 年 8 月 1 日。 〈九龍青年會盆景展覽參觀記〉，《香港工商日報》，1934 年 10 月 9 日。 《中山先生與港澳》，頁 121。
1890 年在維多利亞書院第一班，成績名列前茅。興中會會員。後曾在北洋政府財政部任檢查徵收機關委員會委員。以後情況不詳。	*The Hong Kong Government Gazette*, 18 January 1890, p. 65. 〈財政部令〉，《財政月刊》，1917 年第 4 卷第 40 號，頁 4－5。 《中山先生與港澳》，頁 115。
出身自聖保羅書院。幹記船務社、沙宣洋行買辦。	〈清季輔仁文社與革命運動的關係〉。 《中山先生與港澳》，頁 121。
出身自中央書院。香港政府翻譯。	《中山先生與港澳》，頁 115 及 119。
出身自中央書院，香港商人，著有《香港雜記》一書。	"Report of the Head Master of Queen's College for 1896," *Sessional Papers*, 19 January 1897, pp. 117-121. 〈通商銀行會議〉，《香港華字日報》，1905 年 5 月 28 日。 《中山先生與港澳》，頁 115 及 123。

（續上表）

名字	字	生卒年	籍貫	
陸敬科	禮初	約 1861－？	廣東高要人	

生平簡歷	資料來源
約在 1874 年至 1875 年間進入中央書院讀書。1882 年英文班第一班第二名。卒業後留校任教。曾從商，累積一定財富。後歷任廣東省長公署交涉局英文主任兼外交部特派廣東交涉署翻譯科長、交涉局長。1924 年孫中山委任陸敬科等為銅鼓開埠籌備委員。1927 年前後任廣州交涉員。曾著《華英文化捷徑》、《東遊紀畧》等書。	*The Hong Kong Government Gazette*, 4 May 1878, pp. 231-236. 〈大書院學童考列名次〉，《循環日報》，1882 年 2 月 13 日。 〈鄭樹壇序〉，見陸敬科：《華英文化捷徑》（香港：香港文裕堂印刷，1894 年）。 〈臬案〉，《香港華字日報》，1902 年 1 月 31 日。 〈臬案〉，《香港華字日報》，1902 年 2 月 1 日。 〈東華醫院告白〉，《香港華字日報》，1903 年 12 月 18 日。 〈大元帥令（中華民國十三年九月一日）：派李卓峯、伍大光、謝適群、徐希元、林子峯、陸敬科、薛錦標、徐紹棪為銅鼓開埠籌備委員此令〉，《陸海軍元帥大本營公報》第 25 期（1924 年），頁 22－29。 外務省情報部編：《現代支那人名鑑》（東京：東亞同文會調查編纂部，1925 年），頁 354。 〈陸敬科到港〉，《香港工商日報》，1927 年 6 月 15 日。 《中山先生與港澳》，頁 121－122。 按，李金強把《東遊紀畧》作《東洋遊記》，似誤。《東遊紀畧》日本東京都立圖書館有藏，為「実藤文庫」藏書，序號「実 122」，光緒 33 年〔1907 年〕序，石印本。https：//www.library.metro.tokyo.lg.jp/collection/features/catalog/sanetou/contents/index.html 另外，《華英文化捷徑》現存版本眾多，不只印了二版。

（續上表）

名字	字	生卒年	籍貫	
溫宗堯	欽甫	1867－1947	廣東台山石龍頭鄉人	
溫德	未詳	未詳	未詳	
黃國瑜（黃廷珍）	未詳	未詳	廣東新會人	

生平簡歷	資料來源
有説其父溫景魁為前清舉人。第二批留美幼童之一的溫秉忠（1862－1938）是其親戚。中央書院優等卒業。據説曾在劍橋大學（University of Cambridge）讀書。皇仁書院教員、北洋大學堂教員。溫宗堯政治生涯變化多端。他曾參與唐才常（1867－1900）的自立軍起義，後轉投清政府陣營。歷任兩廣洋務局長、廣東電話局總辦、廣東將弁學堂總辦等職。他曾與英藏訂約副大臣唐紹儀（1862－1938）一同出使印度與英國議約。後為駐西藏參贊大臣、兩江總督洋務顧問。未幾倒戈，任革命派全國外交副長，在南北議和會議中任南方代表伍廷芳（1842－1922）參贊。旋任駐滬通商交涉使，1912 年 4 月辭職。後任岑春煊（1861－1933）國民公黨副會長。1915 年帝制問題發生，協助岑春煊進行反袁運動。後同赴廣東肇慶，溫宗堯任軍務院外交副使。1920 年任廣東軍政府外交部長。另外，廣東非常國會選他為軍政府總裁。1921 年政變後往上海。晚年附日，任南京維新政府立法院院長及汪精衛（1883－1944）政權司法院院長。	外務省情報部編：《現代支那人名鑑》，（東京：東亞同文會調查編纂部，1924 年），頁 51。 "More About Dr. Sun Yat-sen: Mr. Wen Tsung-yao's Views," *The World's Anglo-Chinese Weekly*, 12 April 1925, pp. 11, 14-17. 〈台山溫族革溫宗堯族籍〉，《香港華字日報》，1938 年 4 月 13 日。 〈溫宗堯父墳被發掘〉，《香港華字日報》，1938 年 4 月 14 日。 南京市檔案館編：《審訊汪偽漢奸筆錄》（南京：江蘇古籍出版社，1992 年），上冊，頁 336。 《中山先生與港澳》，頁 121－122。 黃振威：《番書與黃龍：香港皇仁書院華人精英與近代中國》（香港：中華書局，2019 年），第三章，頁 247－318。
楊衢雲友，生平未詳。據説溫德妻曾居中環閣麟街某號三樓，和平後逝世。	《楊衢雲家傳》，原稿手跡影印，頁 84－85。 《中山先生與港澳》，頁 120－121。按，李金強謂溫德即溫宗堯，惟未有提供證據。
曾任皇仁書院教員、香港按察使司衙門總翻譯。民初時曾任廣州電報局長、廣東巡按使署交涉員。	*The Yellow Dragon*, Vol. XVII, No.4 (December 1915): 60. 〈黃廷珍又條陳截私土方法〉，《香港華字日報》，1915 年 10 月 12 日。 《廣東公報》，1915 年第 969 期，頁 17。 黃耀堃、丁國偉：《唐字音英語和二十世紀初香港粵方言的語音》（香港：香港中文大學中國文化研究所吳多泰中國語文研究中心，2009 年），影印原書資料，頁 613。 《中山先生與港澳》，頁 120。 《番書與黃龍：香港皇仁書院華人精英與近代中國》，頁 230－231。

（續上表）

名字	字	生卒年	籍貫	
黃詠商 （或作黃詠襄）	未詳	未詳	廣東香山人	
楊合吉（楊衢雲）	婚字肇春，「衢雲」一名由義兄所取。	1861－1901	福建漳州海澄人	
劉燕賓	未詳	未詳	廣東肇慶人	
謝纘泰	聖安（號康如）	1872-1938	廣東開平人	
羅文玉	未詳	未詳	廣東順德人	

＊名字按筆畫排序

生平簡歷	資料來源
出身自中央書院。生長於香港，父黃勝（1825－1902）為香港議例局議員。何啟（1859－1914）介紹黃詠商與孫中山認識，後加入興中會，時有資助會務。乙未廣州起義後數年逝世。黃詠商好讀《易經》，乾亨行是由他所起名的。	〈議局聚會〉，《循環日報》，1885 年 3 月 6 日。 馮自由：〈黃詠商之略史〉，收於《陳少白自述》，頁 99－100。 《中山先生與港澳》，頁 112。 陳春生：《政黨論：孫中山政治思想研究》（一）（台北：台灣商務印書館股份有限公司，2014 年），頁 9。
生於廣東東莞虎門，祖籍福建漳州海澄，屬霞陽社對岸之翁厝社。父楊清水生於馬來亞檳榔嶼。楊清水曾先後任巡理廳暨輔政司之通事，又在閩籍同鄉商行中辦理航業和洋務，晚年在香港設館教授英文。楊衢雲在鐸也（Dockyard）任學徒，因工業意外失去三指，遂輟學在夜校改習英文。他亦深諳拳腳功夫。楊衢雲後為英文教師，又任沙宣洋行秘書長。與謝纘泰等創辦輔仁文社。後與孫中山等在中環士丹頓街合組興中會，從事革命活動。1895 年策動廣州首次舉事。後起事失敗，為清政府追捕，出走南非和新加坡等地，繼續宣揚革命。1898 年舉家遷往日本橫濱，教授英語和從事革命活動。後返香港，在中環結志街家中設館授課。1901 年 1 月 10 日下午六時半左右，在家被殺手開槍擊中，翌日不治。兒子楊佐芝（？－1914）後肄業於皇仁書院。	〈廣東政府謀殺民黨楊衢雲訊案之詳紀〉，《國民日日報匯編》，1904 年第 1 期，頁 25－29。 半老〔尤列〕：〈楊衢雲：中國革命興中會最初之實錄〉，《香港公平報半月刊》，1928 年，第 5 期，頁 10－14。 《楊衢雲家傳》，原稿手跡影印，頁 55－57、84－85。 近代中國人名辭典修訂版編集委員会編：《近代中國人名辭典》（修訂版）（東京：霞山会、国書刊行会，2018 年），頁 736－737。
出身自聖約瑟書院。炳記船務社書記長。	《中山先生與港澳》，頁 115。
1872 年 5 月 16 日生於澳洲悉尼，父謝日昌（John See）是當地富商，且為洪門領袖，故謝纘泰亦為洪門中人。基督徒。謝纘泰在新南威爾斯 Grafton High School 讀書，1887 年與家人赴香港，進中央書院，英文成績超卓。離校後曾在香港民政廳工作，再轉入工程局。謝纘泰精於發明，曾研發飛艇，且極具魄力，熱心社會事務，1898 年與同仁合組中國南部天足會和戒煙會，以改良社會風氣自任，後又創辦華人俱樂部。曾任干諾道三十九號亨白雲記（Hambury Wing Kee）燭行經理人、《南華日報》買辦等職。與周昭岳、羅文玉為同學。1938 年在香港灣仔逝世。	*The Hong Kong Government Gazette*, 18 January 1890, p. 65. "Tse Ts'an Tai: Political Résumé", Letter 51 (Including Political Résumé and Political Biography", pp. 151-154. *The Chinese Republic: Secret History of the Revolution*, p. 6. 〈中國發明飛艇家謝君纘泰小傳〉，《小説月報》，1910 年，第 1 卷第 4 期，頁 1－3。 〈老革命黨員謝纘泰昨晨在港逝世〉，《香港工商日報》，1938 年 4 月 5 日。
1890 年在維多利亞書院第一班。1890 年 Morrison Scholar。與周昭岳、謝纘泰為同學。羅文玉曾任檳榔嶼法庭首席通譯。	*The Hong Kong Government Gazette*, 18 January 1890, p. 65. *The Yellow Dragon*, Vol. V. No.3 (November 1903), p. 51. 《中山先生與港澳》，頁 115。

有關輔仁文社，有幾方面的特點值得討論。

第一，輔仁文社的規條是用拉丁文寫成的。那麼，為什麼要這樣呢？蓋拉丁文是歐洲高級知識份子的語言。輔仁文社不少社員是中央書院舊生，而該書院設有拉丁文（Latin）課程，温宗堯、羅文玉、周昭岳和謝纘泰在校時都曾修讀拉丁文課程，[61] 所以這些規條甚有可能出自他們的手筆。

第二，成員背景多元化。尢列、謝纘泰有洪門背景。楊衢雲精通武藝，年少時「於灣仔寓內後屋，樑懸沙包多個，人立其中，左右奔走搏擊，習練指臂耳目，深夜不輟」，又穿鐵屐練力，「武技可力敵十餘廿人」，[62] 猶如電影中那些身懷絕技的武林高手，與洪門亦似有相當關係。謝纘泰生於澳洲，父謝日昌為澳洲富商。謝纘泰十多歲才到香港，在中央書院的英文成績冠絕同儕，甚至比其同屆洋人同學 A. Allen 更好。謝默書和作文分別是九十分和九十七分，A. Allen 則是八十分和九十分。[63] 謝是個徹頭徹尾的「番書仔」，英文閒熟，惟中文生疏，「簽蘭譜漢字，堆砌成字，似不懂漢文」，[64] 是典型的 "ABC"（Australian-Born Chinese）。楊衢雲父楊清水先「習佮盧文字」，[65] 亦是一名「番書仔」。[66] 楊祖籍澄海，[67] 該地自明朝起成為貿易港，故多有鄉人出洋，[68] 對外面世界有相當認識。楊衢雲在乃父薰陶下，英

61 *The Hong Kong Government Gazette*, 28 January 1888, p. 89; *The Hong Kong Government Gazette*, 18 January 1890, p. 65.

62 《楊衢雲家傳》，原稿手跡影印，頁 75－76。

63 *The Hong Kong Government Gazette*, 18 January 1890, p. 65.

64 《楊衢雲家傳》，原稿手跡影印，頁 102。

65 「佮盧文」指橫寫文字，即英文。

66 〈楊衢雲：中國革命興中會最初之實錄〉。

67 《楊衢雲家傳》，原稿手跡影印，頁 55。

68 Steven B. Miles, *Chinese Diasporas: A Social History of Global Migration* (Cambridge: Cambridge University Press, 2020), pp. 29-30.

**百子里一號輔仁文社舊址今貌，尤列是社員之一。左起尤曾家麗、尤迪桓、尤
迪安攝於中環百子里輔仁文社舊址，後有「輔仁文社」字樣。**
圖片來源：尤迪桓、尤曾家麗家藏照片

文當然出眾。[69] 其他成員多出身英文學堂，故亦精通英語。

　　第三，政治生涯多元化。温宗堯原是中央書院教師，後來因為
得到美國傳教士丁家立（Charles Daniel Tenney, 1857－1930）的
賞識，獲邀到北洋大學堂任教。以後曾參與唐才常的自立軍起事，又
復當清朝官員，再變節倒戈，加入反清陣營，政治傾向一時一樣，變
化不定，是個典型的機會主義者，堪稱「政治變色龍」。民國初年在
政壇相當活躍，中年退隱經商，晚年捲土重來，附日充任傀儡政權高
職。温宗堯一生都是「官迷」，不甘寂寞，早年走在時代尖端，名噪
一時；晚年卻下水而為漢奸，落得聲名狼藉。[70] 陸敬科從政又從商，曾

69　《楊衢雲家傳》，原稿手跡影印，頁 56－57。

70　詳見《番書與黃龍：香港皇仁書院華人精英與近代中國》，頁 247－318。第三章專章討
　　論温宗堯的一生。

在孫中山的革命政府工作，[71] 黃國瑜曾在香港政府和廣東政府工作。[72]
尤列、謝纘泰、楊衢雲等則從事革命活動。

尤列與這些知識份子往來，眼界由是擴闊，當中一些更成為他的
莫逆之交。他深深仰慕楊衢雲的為人，暮年時更替楊衢雲作傳，紀念
這位英年早逝的摯友。[73] 尤與楊性格十分相近，二人都是性情曠達之
人，有豪俠的風範。

然而尤列最為人所津津樂道的，是他為「四大寇」的其中一人。

淺論「四大寇」

孫中山、尤列、楊鶴齡、陳少白經常在楊耀記高談時政，時有壯
闊豪言，「清季香港人士以其日談謀反革命」，[74] 故稱之為「四大寇」。
歷來曾有不少學者討論「四大寇」。[75] 四人之中，孫中山名滿天下，相
關研究如恆河沙數，其他三人卻是身世不彰。

在中國革命歷史上，「四大寇」有着神聖的光環。有學者認為「四

---

71 〈梟案〉，《香港華字日報》，1902 年 1 月 31 日；〈梟案〉，《香港華字日報》，1902 年 2
月 1 日；外務省情報部編：《現代支那人名鑑》，1925 年，頁 354；"Strike Settlement:
Thanks to Dr. Jamieson and Mr. Luk King-Fo", The China Mail, 14 March 1922；〈陸敬
科到港〉。

72 〈黃廷珍又條陳截私土方法〉，《香港華字日報》，1915 年 10 月 12 日；《廣東公報》，
1915 年第 969 期，頁 17；《唐字音英語和二十世紀初香港粵方言的語音》，影印原書資
料，頁 613。

73 詳見〈楊衢雲：中國革命興中會最初之實錄〉。

74 陳春生：〈革命逸聞：（一）楊鶴齡之四寇堂〉，《經緯》，1945 年，第 3 卷，第 1 期，頁 6；
鄒魯（1885－1954）編：《中國國民黨史稿》（第一篇）（上海：商務印書館，1947 年），
頁 2。

75 例如：余齊昭：《孫中山文史圖片考釋》（廣州：廣東省地圖出版社，1999 年），頁 3－5；
高東輝：〈「四大寇」合影時間考〉，《五邑大學學報：社會科學版》，2010 年，第 12 卷
第 4 期，頁 42－44；李金強：《中山先生與港澳》，頁 69－103。李金強謂 1931 年尤氏
八十一歲（頁 83），似誤。李金強可能誤解了「八秩晉一」的意思，另 1931 年亦誤（頁
83）。事實上尤列生於 1865 年，在 1936 年逝世，只活到七十一歲。

大寇」是中國革命運動的倡導者或先行者，故多見於孫中山及辛亥革命史中的倡導時期，[76] 又有學者提到應個別研究「四大寇」人物。[77] 這些都是正確的研究方向。筆者嘗試為「四大寇」「去神聖化」，還原歷史真像。以下略談各人的生平。

四人當中，尤列、楊鶴齡來自富室，又是算學館同學。楊與孫中山為鄉里，自幼便認識孫中山。他生於澳門，「一富家子弟也」，「以父業多在香港，獨闢一樓，備友朋聚讀之所」。[78] 尤列曾從番禺梁杭雪、南海孔繼蕃和羅照滄讀書，而楊鶴齡則是嶺南大儒簡朝亮（1851－1933）的弟子。[79] 楊為人豪放不羈、個性活潑詼諧，年少時有「左班丞相」之諢號，與孫中山最為投契，時人認為如果孫革命成功，自會策封楊為「左班丞相」。另因楊在家中行四，故亦有「楊四郎」之稱號。[80]

當年孫中山在澳門行醫，楊鶴齡妹夫吳節薇（約 1867－1960）曾替孫作擔保人。有說孫中山在澳門時曾向鏡湖藥局借款二千元，在草堆街創立中西藥局，且訂明一個月歸還利息一百元。在那時，尚沒有人知道孫中山秘密進行革命活動，後來事情曝光以後，鏡湖藥局便向孫討債。作為擔保人，吳替他歸還欠款和利息。吳後來曾在國民政府北海洋務局工作及出任國民政府駐澳門外交官。[81] 楊鶴齡的姪兒楊

76 《中山先生與港澳》，頁 70。

77 黃宇和：《孫中山：從鴉片戰爭到辛亥革命》（台北：聯經出版事業公司，2016 年），頁 407。

78 《陳少白自述》，頁 113。

79 《孔教革命》，頁 222；〈革命逸聞：（一）楊鶴齡之四寇堂〉。簡朝亮生平大略詳見容媛：〈二十二年（七月至十二月）國內學術界消息：悼柯劭忞簡朝亮先生〉，《燕京學報》，1933 年，第 14 期，頁 261－262。

80 〈革命逸聞：（一）楊鶴齡之四寇堂〉。

81 〈鏡湖醫院舉行紀念大會吳節薇老人回憶孫中山〉，《大公報》，1956 年 11 月 14 日；〈吳節薇逝世〉，《華僑日報》，1960 年 10 月 16 日。

狀元坊賀帳。「三大寇」以化名，恭賀廣州東西藥局開張。尤其洞即尤列，陳聞韶即陳少白，楊萬年即楊鶴齡。
圖片來源：尤迪桓、尤曾家麗家藏照片。翠亨村孫中山故居紀念館藏。

心如（？－1947）和楊心如岳父程耀宸（？－1896）曾參與乙未起事，楊謂「由弟着其追隨先總理」，[82] 可見他曾動員親人參與革命。廣州設藥局，多為楊所籌款，藉以掩人耳目。楊鶴齡在政治上沒有多少發展，晚年一貧如洗，1934 年在澳門逝世。

孫中山家道亦算不俗，其兄在海外經商。《辛壬春秋》謂孫「文，香山人，字逸仙，其兄眉賈於檀香山，文幼往依之，遂通英語。歸香港，學醫於英人磾德立」。[83] 孫眉（1854－1915）在夏威夷茂宜經營商

---

82 〈楊鶴齡原函〉，見〈國葬孫總理太夫人及撫恤諸先烈案（一）〉，《中央政治會議廣州分會月刊》，1928 年，第 13 期，頁 101－104；〈褒卹楊故同志心如楊故委員熙績〉，《國民政府公報》，1947 年，第 2754 期，頁 49－50。

83 尚秉和（1870－1950）：《辛壬春秋》（北京：中國書店，2010 年），〈革命源流第三十三上〉，頁 227。按，磾德立即康德黎（Sir James Cantlie, 1851－1926）。

「四大寇」與關景良合照，攝於 1888 年 10 月 10 日。左起楊鶴齡、孫中山、陳少白、關景良（站立者）、尢列。
圖片來源：尢迪桓、尢曾家麗拍攝照片。攝自孫中山史蹟徑。

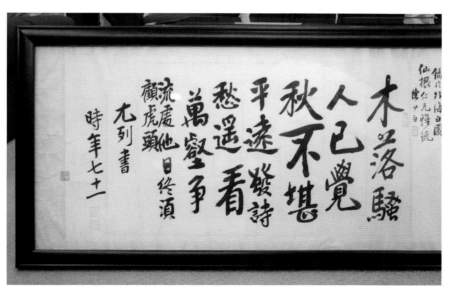

尢列晚年為李仙根題字
圖片來源：尢迪桓、尢曾家麗拍攝照片。翠亨村孫中山故居紀念館藏。

業，卓然有成，有「茂宜王」之稱。[84] 孫中山進行革命活動，孫眉是其經濟後盾，「而眉公為先總理胞兄，毀家革命，所捐資財以百萬計」。[85]

陳少白為廣東新會外海鄉人，出身自較貧苦的家庭，年青時曾埋首科舉，因「家境日就艱困，預備到香港去半工半讀」。[86] 後其身為基督徒的三叔陳夢南（？－1883）從廣州帶回西書譯本，眼界大開，遂棄場屋之學。未幾進廣州格致書院，接受新式教育，據說還是該校第一名註冊生，[87] 後改就香港華人西醫書院（Hong Kong College of Medicine for Chinese）。[88] 陳少白認識孫中山，是因區鳳墀（1847－1914）的介紹。區是孫中山的漢文老師，亦是陳的朋友。陳與孫中山一起在香港華人西醫書院讀書，後「以天性不近輟學」。[89]

四人均是廣東人。清政府的政治重心遠在北京，故以地緣而論，孫中山等四人均來自中華帝國的邊緣。尤列和孫中山均未曾應考科舉，楊鶴齡不詳，陳少白則曾習帖括之學，[90] 然而可以肯定的是，四人俱沒有科舉功名。正因為他們非科甲中人，難以打入當時知識界的主流，充其量只算是新銳知識份子。四人之中，孫中山當然精通英語，楊則未詳。尤列對外語僅略知皮毛，自承「鄙人於外國文字，未嘗熟習，祇知大略，且得朋輩每為之繙譯」。[91]

至於在私誼方面，陳少白與尤列不睦，時有相輕之語。有說陳為

84　《陳少白自述》，頁3－4。

85　〈楊鶴齡原函〉，見〈國葬：孫總理太夫人及撫恤諸先烈案（一）〉。

86　《陳少白自述》，頁7。

87　〈團體及個人消息：陳少白同學小史〉，《私立嶺南大學校報》，1935年第7卷第9期，頁112；陳德芸：〈陳少白先生年譜〉，收於北京圖書館編：《北京圖書館藏珍本年譜叢刊》（北京：北京圖書館出版社，1999年），第192冊，頁310－327。

88　鍾榮光（1866－1942）：〈陳少白先生傳〉，收於《陳少白自述》，頁1-3。

89　馮自由：〈興中會四大寇訂交始末〉，收於《陳少白自述》，頁5－6。

90　《陳少白自述》，頁7。

91　〈尤烈先生講詞〉。

人「度量褊狹，出語尖刻」，[92] 謝纘泰對陳評價亦不佳。[93] 陳則謂尤「放誕流浪，喜大言」，「性本懶而頗多嗜好」。[94] 陳、尤不咬弦，時有爭論，一方面是性格使然，一方面亦因家境懸殊、思想眼界不同所致。另外，有時尤無心快語，令陳不快，也是有可能的。

時人稱四人為「四大寇」，其實不過戲謔之言；日後孫中山成革命大業，「四大寇」因而被神聖化。[95] 回歸歷史現實，「四大寇」其實只是四個不知天高地厚的小伙子，經常在楊鶴齡的小天地放言高論，語多離經逆道之言。他們與朋友關景良（關心焉，1869－1945）醫生曾合照一幀，流傳極廣，甚至連一些歷史普及讀物也常登載這一張照片。相中人均相當年輕且躊躇滿志。「四大寇」年少聚首時，曾有一小薰爐，焚香一室。此爐為尤列所珍藏，尤在過身前二個月轉贈孫中山子孫科（1891－1973），又附跋語云：「愚曩與總理（按，孫中山）暨鶴齡、少白，密謀革命，組興中會於香港士丹頓街，門榜『乾亨』，瓣香一片，灑血吟風。今忽忽五十年，追懷往事，餘烟當繚繞於腦際，物以人傳，亦可寶也。敬以此薰爐贈與哲生世兄存念。民國二十五年九月穀旦。尤列謹識。」[96] 尤十分珍視舊友之誼，在顛沛流離之中，仍妥善保存這一信物。

「四大寇」始於年少囈語。嗣後，「三大寇」各自走上推翻清政府的革命之路。以下一章，將討論尤列的革命活動。

92　馮自由：〈陳少白之辭章〉，收於《陳少白自述》，頁 5。

93　《楊衢雲家傳》，原稿手跡影印，頁 81。

94　《陳少白自述》，頁 114。

95　例如，據說孫中山機要秘書李仙根（1893－1943）珍藏了一張「四大寇」先後題字的橫幅，在日軍侵華逃命時也要將它帶在身邊，便可知「四大寇」在人們心中的地位了。該橫幅詳見李仙根原著，王業晉編：《李仙根日記・詩集》（北京：文物出版社，2006 年），書前照片。

96　錢大：〈尤列贈孫院長薰爐〉，《小日報》，1936 年 9 月 29 日。

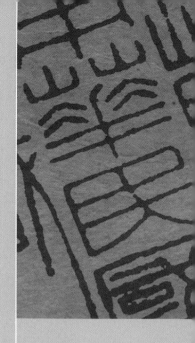

革命遠志

第二章

乙巳，種族革命之說大明，同盟會乘時而立。

孫逸仙先生為會長，而先生則運籌海外，

定國號於扶桑，主盟南洋；

興大獄於石叻，鐵窗風味飽嘗，逐客之令隨下。

於是暹羅棲息，籌劃進行，曾不稍懈。

迨武昌舉義，馳赴雲南，督促西南反正，全國景從。

虜廷乃覆，民國成立，先生不貪天功，

其深得孔聖不伐之教有如此者。

——《順德尤列先生八秩開一榮壽徵文啟》

籌劃起事

　　光緒年間，清政府衰像已呈。國人早已省悟清政府無異朽木，時思推翻。1893 年，楊衢雲主張先在廣州開會，孫中山等同意。尤列與輔仁文社社友周昭岳在順德松溪別墅自宅設興利蠶子公司，以改良蠶種、用科學方法養蠶作招徠。尤列等表面上是經營生意，實際是以此作革命志士通訊處。孫中山、陳少白、陸皓東（1868－1895）和楊崑甫常到該處，居住數月或一年。孫為興利蠶子公司書寫「興創自我，利盡歸農」門聯，陸皓東、楊衢雲等更是公司股東。後來國民政府的青天白日旗，乃陸皓東在松溪別墅住聽濤閣時所繪畫，色碟後存周昭岳家中。孫中山在廣州成立洗基東西藥局，尤亦在局中活動，謀劃革命。孫另設中西藥局於澳門。1893 年初冬，尤列等在廣州廣雅書局南園之抗風軒討論革命的大方向。尤原為書局內之廣東輿圖測繪生，故與局員認識，得以借用該處作聚會場所。與會者包括孫中山、尤列、陸皓東、程耀宸、程璧光（1861－1918）、程奎光（1863－1896）、鄭士良、魏友琴等。[1] 各人在廣雅書局「評騭時政，提到清廷，大家都是氣鼓鼓地捏着拳頭」，[2] 可見意氣之昂。

　　1894 年，孫中山為了聯絡廣州會黨，毅然與陸皓東北上京津，一探清政府的虛實，又前往武漢，評估長江形勢。到了上海之後，孫中山遇香山同鄉鄭觀應（1842－1922），又透過鄭認識一代傳奇人物王韜（1828－1897），綜談時政，意見甚相近。當時孫中山尚在改革和革命中徘徊。時李鴻章（1823－1901）主掌清政府大政，是一位思想

1　《孫中山年譜長編》，上冊，頁 67－68；《尤列事略》，頁 63－64。

2　如是：〈雜俎（七）：尤列遺聞〉，《中國農民銀行月刊》，1936 年，第 1 卷第 11 期，頁114。

比較開明的高級官僚，孫中山對他寄望甚殷，認為若能與他聯繫上，可以藉此貢獻一己之力，為國家前途尋出路。緣王韜之介紹，孫得以認識李鴻章洋務文案羅豐祿（1850－1901）。1894 年夏，孫至天津，得羅豐祿熱情招待，並同意設法代為引見上司李鴻章。惜當時正值甲午中日戰爭，李鴻章在豐台督師，未有餘暇會客，孫中山只好將前此擬定的政見書託羅豐祿轉呈李鴻章，當中主張富強之道為「人盡其才，地盡其利，物盡其用，貨暢其流」。[3] 方向都是正確的，惟失諸太迂闊，充其量只能說是一些改革原則而已，談不上是什麼有建設性的方案。

孫中山此行毫無所得。尢列得悉孫這一活動，直覺徒勞無功。他深明清政府沉痾難起，「認為期望清廷修明政治，何異對牛彈琴」。尢列這時堅信，只有革命一途，才可拯救中國。[4]

孫中山上書無望，故前往檀香山其兄孫眉處，另謀出路。當時居檀華僑已稍有民族思想，孫遂向其演說，曉以大義，惟初時從者不多，僅有人稱「鄧三伯」的鄧蔭南（1846－1923）[5]、夏百子、宋居仁（1857－1937）[6]、邱泗、陳楠和李安邦等數十人而已。孫聚眾而在檀香山成立興中會，力謀發展革命事業。各人遂先後歸國，參與起事。[7]

「滿清季葉，政治窳敗，外侮紛成，國成病夫，奄奄垂斃。事勢至此，不能苟且偷生」，[8] 因此到了 1895 年初，孫中山自檀香山返香

3　《尢列事略》，頁 64。

4　《尢列事略》，頁 64。

5　靜樓：〈革命元勳：鄧蔭南上將事略〉，《永安月刊》，1943 年，第 53 期，頁 9。

6　宋居仁生卒年根據麥梅生：〈革命老信徒宋居仁先生歷史〉，《真光雜誌》，1937 年，第 36 卷第 9 期，頁 53－55。

7　志圭：〈興中會創立地點事跡考〉，《建國月刊》，1934 年，第 11 卷第 1 期，頁 1－4。文中謂「興中會於初期時代，甲午成立於檀島，乙未擴充於香港」。另參《尢列事略》，頁 64－65。

8　〈對時局之宣言〉，收於《尢列集》，頁 239－243。

港後，即與尢列和楊衢雲等，在香港中環士丹頓街十三號成立興中會，門外顏「乾亨」兩字，[9] 乃源自《易經》的卦象。[10] 此物業是興中會其中一位創會會員黃詠商父親的物業。各人投票選舉黃為會長，屬輔仁文社而又加入者，則有楊衢雲、謝纘泰和周昭岳等，皆為尢列好友。黃詠商未幾辭，由楊衢雲替上。當時是正月左右，孫、尢兩人籌劃種種細務。先是在廣州創設兩機關，一為城內雙門底黃家祠內的雲崗別墅，二為東門外鹹蝦欄張公館，另又在省城南北佈置若干儲物所和招待所，及購買二艘小輪。[11] 革命運動在在需財，而孫中山等又非十分富有，這些資金和場地應是由尢列等籌措、提供或安排的。

當時各革命志士匯聚省城，孫中山和尢列長駐雲崗別墅，商討起事大計。7月，楊衢雲從港抵省，亦在雲崗別墅居住，為廣州起事作準備。楊衢雲負責從外國購置軍火，又在香港處理轉運事宜，有條不紊。1895年夏、秋之間，有退伍軍人數百人散處深圳、鹽田、沙頭等地，遂全部加入興中會，圖謀大舉。楊衢雲安排朱貴全統領他們，集中在香港的九龍，準備在1895年10月25日下午出發，連同軍火七箱，搭乘保安輪赴省。楊衢雲預算這數百軍人登岸後即行起事，屆時自有響應，定可握守要津。惟事與願違，保安輪自香港開行後因小事須將貨物遷移位置，故將其他貨物，蓋過軍火七箱，延誤了起事。另外，粵督譚鍾麟（1822－1905）等早已風聞此事，遂密令統領李家焯戒備。孫中山和尢列等知悉，即發急電「止辦」二字給在香港的楊衢雲，然而楊回覆說事已無法停止。沒多久，這些人全被擒獲，且官府在城內遍貼告示，下令捉拿孫中山、楊衢雲等。各革命志士倉徨出

9　《孫中山年譜長編》，上冊，頁75；《尢列事略》，頁65。

10　〈黃詠商之略史〉。

11　《尢列事略》，頁65。

奔，亡命天涯。部分被逮捕者遭受極刑，死狀可怖：「朱貴全剮、邱泗斬、陸皓東斬，程奎光在營務處受軍棍六百死；程耀宸被禁大有倉，後發狂死」。[12] 程耀宸顯然是受了酷刑，清政府殺一儆百之意甚明。1901 年楊衢雲之被刺，亦與這次起義有關。

這次起義的佈置，反映籌劃各人空有一腔熱誠而思慮未周。一則省港兩地近在咫尺，且人多口雜，難免走漏風聲；二則單憑幾百甚或幾千人之力，也未必有奪城之可能。孫、楊、尤等當時才三十出頭，年紀太輕，閱世未深，未免低估清政府的力量，且亦高估了反清的力量，故起義終歸失敗。時人尚秉和在《辛壬春秋》中，對革命派有一十分恰當的評價。他謂「革命黨人，其初微甚，且所為有類兒戲。而及其卒也，竟以覆清。固由以其學說，傳播少年學子，亦十餘年來英烈之士，塗肝腦、糜頂踵，有以震動乎人心，故人人奮起也」。[13] 乙未起義無疑「有類兒戲」，然而隨着時日推移，志士仁人慷慨就義，革命思想深入民心，令許多原來支持帝政的國人幡然改悟，明白清政府之不足恃，卒演成宣統退位，帝制瓦解。

起事失敗後，清政府派員來港，要求港英政府引渡起義份子回國。港督下令驅逐孫中山等離開香港，其他人則流亡海外，香港興中會遂主導無人。尤列亦離開了中國，惟其革命之志彌堅，後更轉而向華僑宣揚革命真諦。[14] 就晚清革命史而言，楊衢雲、孫中山、陳少白、尤列等都可說是先覺者。

12 《尤列事略》，頁 65–66。冼江此一記載如此詳細，當是聞自尤列親述。根據馮自由的説法，則稱「香港會黨三千人」，詳見《孫中山年譜長編》，上冊，頁 90。
13 《辛壬春秋》，〈民黨死事記第三十五〉，頁 261。
14 《尤列事略》，頁 66。

中和初創

　　有關尤列的專門研究極少，而談其與中和堂的文章則有幾篇，[15]
主要重在歷史陳述，對尤列所擔當角色的描繪仍是比較含糊，鮮有觸
及尤列的人際網絡，且所用資料不出馮自由《革命逸史》等書，予人
陳陳相因之感。筆者希望本書以下部分能為尤列早年的生平、革命活
動以至人際網絡等各方面，填補一些空白。現先從中和堂的創立談
起。

　　首次起義失敗後，志士星散，死的死，逃的逃，革命一事自然中
輟。尤列革命之心未息，1897 年潛回香港，組建中和堂，[16] 總堂始建
於香港新界（時劃入九龍）的西貢。[17] 西貢為一鄉下地方，人跡罕至，
對革命運動能有掩蓋之效，故選址於該地，可見尤列思慮慎密周詳。
堂旨則取《中庸》「致中和，天地位焉，萬物育焉」之義，結合孔子
遺訓和革命思想，專門從事連絡工界，且以青天八針白日為堂徽。[18]
尤列為免招清政府和港英政府之忌，特將該組織稱為「堂」。[19] 翌年，
香港沙頭鄉人黃耀庭、黃雨帆、黃幹庭等，因香港興中會會長黃詠商
和楊衢雲先後辭職，孫中山亦亡命天涯，會務無以為繼，會中同仁公
推尤列暫時主持。同年夏天，尤列聞説廣西游勇李立庭起兵反清，遂
與宋居仁和鄧蔭南往支援。惟到藤縣之時，李立庭早已敗走。尤列着
宋、鄧二人先行離開，自己則留在梧州，以爭取更多革命志士。1898

15　例如章志誠：〈尤列與中和堂〉，《杭州師範學報（社會科學版）》，1985 年第 3 期，頁
　　46－54；王楊紅：〈中和堂的興起、發展及其與興中會、同盟會的關係〉，《華僑華人歷史
　　研究》，2012 年 9 月第 3 期，頁 51－61。

16　《尤列事略》，頁 67。

17　〈關仁甫重振「中和堂」記〉，《小廣州人雜誌》，1948 年，第 44 期，頁 10－11。

18　《尤列事略》，頁 67。

19　《中國中和黨總理尤列革命年表》，頁 16。

年夏，清政府推行維新變法，一時人心傾向清室，革命處於低谷，興中會難以吸引支持者，橫濱興中會更危在旦夕。尤列遂毅然東渡日本，欲重振革命力量。[20]

1899 年，尤列因緣際會，在橫濱成立中和堂，鼓吹革命。因他致力拉攏工界，支持者甚眾。[21] 當時正值戊戌變法新敗，保皇派餘威猶在，在日華僑多仍尊天子，視其為帝室輔弼，多禮迎之；康有為亦銳意在當地培育勢力，並派門人湯覺頓（1878－1916）、陳蔭農等努力經營黨務。尤列等帶領中和堂與他們抗衡。[22] 革命派、保皇派將兩派的鬥爭延伸至海外。尤列在日本成立中和堂的來龍去脈，會在本章稍後談到。

1900 年是中國近代史上躁動的一年。清政府仇視外人已久，遂支持義和團運動，庚子拳亂起，唐才常的自立軍乘時而動。唐才常是湖南瀏陽人，與維新志士譚嗣同（1865－1898）為總角之交。「少好讀書，不為章句之學。中西史乘，靡不寓目。年弱冠，舉茂才」，後來江標（1860－1899）督學湖南，設《湘學報》報館，唐才常時有撰文。陳寶箴（1831－1900）任湖南巡撫時，唐以拔貢生執弟子禮往見。陳對唐推崇備至，極器重唐的才華，謂「今日之師生，循故事也。若以學問經濟論，吾當北面事君」。陳寶箴設保衛局和南學會等，唐才常均有參與。百日維新時，譚嗣同向皇帝推薦唐。後唐才常在日本與康有為認識，「自請受業為弟子，康亦以高足弟子視之」。唐才常返國後，主《亞東時報》筆政數月，主張開通民智、革除舊習等。[23]「八國

20　《尤列事略》，頁 69。

21　《尤列事略》，頁 67－68。

22　《尤列事略》，頁 68。

23　後死人擬稿：〈義士唐才常傳〉，《清議報》，1900 年，第 58 期，頁 14－15。

尢列與孫中山和前自立軍將領在日本的合照，約攝於 1901 年。左起尢列、唐才質、孫中山、秦力山、沈翔雲。
圖片來源：《尢列集》，頁 8。

聯軍陷京師之歲，唐才常謀起兵漢上」，秦力山（1877－1906）、畢永年（1869－1902）等參與其事。秦被推舉為安徽後軍統領，統率水師巡防各營。[24] 吳祿貞（1880－1911）當時在日本士官學校習陸軍，「唐才常起兵於漢，祿貞自日本潛歸，擬據大通以為聲援」，惜走漏風聲，吳只好返回日本繼續學業。[25] 吳祿貞似乎也看到大通地理上的重要性。唐才常乃會黨中人，志向不少，實欲推翻清政府，一方面向康有為、梁啟超表示，會在長江沿岸各省起兵勤王，運動長江沿江各省黨會和防軍發難，而康、梁則負責向海外華僑籌款以作起事之經費。

24　太炎〔章太炎〕：〈秦力山傳〉，《制言半月刊》，1936 年，第 15 期，頁 1－2。

25　〈吳祿貞傳〉，《南社湘集》，1937 年，第 7 期，頁 69 下－71 上。

當時孫中山等亦從事反清活動，舉義在即，「唐以權術周旋於兩大之間，對於康梁則言勤王立憲，對總理及同志，則曰保國保權，雙方咸為之用」。[26] 1900 年 8 月，秦力山等在大通起事，曾「據大通鹽局，與蕪湖防軍相持七晝夜，兵敗走免」，[27] 可見戰況之烈。最後唐等在漢口為張之洞（1837－1909）所執，[28] 嗣後「庚子流血漢口」，[29] 被捕各人旋被處決。

有學者認為，自立軍與革命軍先後失敗，「均與外國態度有關」。[30] 這是其中一個原因。組織未周亦是致敗之由。此外，張之洞的取態也是關鍵。

大通之役事與惠州起事時間十分相近，而且二次起事也涉及秘密會社。以地理形勢論，華中的起事遠比華南的重要。惠州僻處帝國南陲，與安徽大通自不可同日而語。筆者推論，以會黨關係，尤列或曾參與大通之役，惟迄無直接證據，間接的證據則找到一些。

尤列參與大通起事，有兩個可能且重要的牽線人：一是黎科（？－1900），二是溫宗堯。兩人都來自香港皇仁書院。

黎科字澤舒，廣東人，曾在日本留學，後參與自立軍大通起事，旋被處決。1894 年他在維多利亞書院（即皇仁書院）英文班四 B 班，成績優異，是班上的第二名，當時英文名字拼作 Lai Fo。[31] 後來黎科北上求學，1897 年在北洋大學堂頭等第三班，與王寵惠（1881－1958）

26　天目：〈正氣會自立軍之唐才常〉，《辛亥月刊》，1948 年，〈國慶特刊〉，頁 13－14。

27　〈吳祿貞傳〉。

28　《孫中山年譜長編》，上冊，頁 229。

29　〈唐才質誠兄子蟄書〉，《時報》，1913 年 8 月 21 日。

30　郭廷以（1904－1975）：《近代中國史綱》（重排本）（香港：香港中文大學出版社，2019 年），頁 328。

31　〈義士唐才常傳〉；"Prize Day at Victoria College", *The China Mail*, 25 January 1894.

等同班。[32] 黎科的老師正是溫宗堯，[33] 亦即尤列輔仁文社的社友。

　　溫宗堯應是黎科在維多利亞書院和北洋大學堂讀書的「雙料」老師，因為溫曾在這兩所學府任教，[34] 剛好黎科亦曾在這兩所學校就讀。[35] 據說溫宗堯任自立軍駐滬外交代表便是由黎科介紹的。後來大通起事失敗後，溫宗堯更託王寵惠掩護有份起事的秦力山，及資助秦離開中國。[36] 尤列本身有洪門背景，再加上或得到溫宗堯、黎科從中牽線，故得以與自立軍連繫上。[37]

壯志未酬 —— 楊衢雲遇刺

　　地方上的反清起事前仆後繼。1900 年夏前後，鄭士良在廣東惠州三多祝指揮軍事，尤列則在長江一帶活動。9 月末 10 月初，鄭士良、黃遠香、黃耀庭等在惠州三洲田；史堅如（1879－1900）等則謀炸廣東巡撫德壽。豈料大量軍用品無法送達，即使鄭、黃部隊一路勇進，出井龍墟，擬直搗惠州城，經平山墟、佛祖坳、淡水至汕尾，均非常順利，惟支援未到，只好結束行動。1900 年 10 月 31 日，尤列因參與革命活動而為清政府懸紅通緝，遂到日本神戶暫避。11 月 15 日，移

32　〈天津北洋大學堂夏季課榜〉，《香港華字日報》，1893 年 7 月 23 日。

33　陳曉平：〈溫宗堯：從新人物到老漢奸〉，http://59.41.8.205/gxsl/zts/rwcq/201201/t20120111_27789.htm。

34　外務省情報部編：《現代支那人名鑑》（東京：外務省情報部，1928 年），頁 515。

35　"Prize Day at Victoria College". 溫宗堯 1893 年 3 月 8 日獲香港政府聘用，1894 年職位為皇仁書院四級助理（Fourth Assistant），詳見 "Civil Establishments of Hong Kong for the Year 1894", *Hong Kong Blue Book for the Year 1894*, p. 145.〈天津北洋大學堂夏季課榜〉。溫在北洋大學堂時，任二等學堂洋文教習，詳見王玉國：〈丁家立與北洋大學堂〉，《天津大學學報：社會科學版》，2003 年第 1 期，頁 71－76。

36　〈溫宗堯：從新人物到老漢奸〉。

37　筆者認為，尤列甚有可能因溫宗堯之介紹而認識黎科。

居橫濱山下町一百九十八番號鮑式照的寓所。史堅如等之謀炸，德壽為之震怒，欲得主謀而嚴懲之，故派李家焯等緝捕。李又得線報，知悉楊衢雲在香港，故派陳林往香港行刺他，當時楊衢雲為維持生計在香港家中設館課徒。沙頭鄉人黃耀庭之同鄉江恭喜（約 1867－？）[38] 早聞風聲，一面嘗試阻止陳林的行動，一面則促楊衢雲早避為妙。楊反而安慰江，說從事革命早已置生死不顧。1901 年 1 月 10 日傍晚，陳林果然到楊寓槍擊楊衢雲，楊中彈，延至翌日傷重不治。德壽論功行賞，贈陳林三萬兩，且予以千總一職，及安排他守衛南石頭炮台。[39] 1901 年 6 月，香港西報稱楊案「由省城官場中主謀」。[40] 可見香港方面知道楊衢雲之被害，乃由清政府中人所主使。

有關背後主使者，楊衢雲女兒楊秀霞（出家為尼，法號觀願）有另一說法，認為是何長清下令暗殺，謂「當國父孫中山先生於廣州起義而遭失敗後，清庭〔廷〕即欲招降先君，以十萬元作安家費，官封兩廣總督。先君志在拯民生於水火，故堅決不受，誓死不降。不幸後為廣州水師提督何長清，以三萬兩花紅，買兇行刺」。[41] 以清政府的作風，招撫勸降尚可說得通，然而說到「官封兩廣總督」，則令人難以置信了。

1900 年庚子拳亂時李鴻章為兩廣總督。據說李鴻章欲起用孫中山，曾託劉學詢（1855－1935）寫信給孫，請其自日返國。孫中山到了香港附近，李鴻章以炮艦迎之，孫恐中計被擒，轉往越南西貢。

38　江恭喜生年根據〈（三）呈中央執行委員會請撫卹江恭喜〉，《西南黨務月刊》，1932 年，第 4 期，〈重要公文〉，頁 2－3。

39　《尤列事略》，頁 69；《孫中山年譜長編》，上冊，頁 263。按，鮑式照可能即前述之鮑唐，或鮑唐親戚。

40　〈楊衢雲案〉，《香港華字日報》，1901 年 6 月 10 日。

41　〈楊衢雲：中國革命興中會最初之實錄〉；觀願〔楊秀霞〕：〈香港失陷遙弔先君〉，《慧燈月刊》，1942 年，第 8 期，頁 9。

後港督向孫中山傳話，謂曾游説李鴻章，請李起用孫中山主持新政，李鴻章同意港督所言，欲在政治上求變革。港督勸孫中山與李鴻章合作。尢列聞訊，即致函孫中山，謂清政府因拳亂一事，深陷外交困局之中，故屢次促請李鴻章北上，緩解難關，惟時李鴻章已啟程北上，即使港督所言屬實，亦是徒然。孫中山心中本已有疑，聽了尢列之言，便轉赴日本。後事情發展，果如尢列所預料。[42]

1901 年 1 月，尢列和孫中山在橫濱得楊衢雲遭害之電報，「痛至忘餐」。[43] 多年革命兄弟，慘遭毒手，一朝命喪，悲痛之情，難以言宣。尢列更即召集華僑中的興中會和中和堂諸同志，在永樂樓遙祭楊衢雲，又即場演説，述及楊衢雲的革命志事，希望讓多些人知道楊衢雲的偉大事跡，永留青史。會眾對於楊之橫死，悲痛莫名，合捐一千二百元，匯寄香港的陳少白和何汝明，以接濟楊衢雲遺屬。[44] 楊衢雲遺體後「葬香港英國墳場」，「孤島英墳上，巍巍一棟樑。碑文無一字」，[45] 編號六三四八，乃一未有刻名之碑，上有一斷柱。三十多年後，楊秀霞曾往拜祭，且賦詩一首，悼念楊衢雲英年早逝：

> 犧牲為國血先洗，革命興中志未酬。烈士碑中埋白骨，親恩未報痛何由。[46]

這首詩內容至為明顯，就是楊衢雲為革命賠上了性命。

42　〈尢少紈先生軼事〉，《小日報》，1936 年 11 月 24 日。劉學詢乃廣東進士賭商，亦是孫中山同鄉。有關劉學詢的研究，詳見何漢威：〈廣東進士賭商劉學詢（1855－1935）〉，《中央研究院歷史語言研究所集刊》，2002 年，第 73 本第 2 分，頁 303－354。

43　《尢列事略》，頁 69。

44　《尢列事略》，頁 69。

45　觀願：〈弔先君墓〉，《羅漢菜雜誌》，1942 年，第 31 期，頁 28。

46　觀願：〈吊先君楊公衢雲墓〉，《佛海燈》，1937 年，第 2 卷第 8 期，頁 14。

香港淪陷後，楊秀霞又賦詩一首，懷念逝去的雙親：

（一）盡忠黨國是男兒，兩廣功名不受封。棄子拋
妻皆不顧，荒墳誰弔老英雄。

（二）翹首南天淚滿眶，雙親芳塚在珠江。捐驅為
國功何在，破產傾家我未亡。

（三）歐洲各國遊，革命始圖謀。報國丈夫事，功
名赴東流。

（四）參學四海遊，未報親恩愁。一家已死盡，掌
珠何獨留。[47]

最後二句「一家已死盡，掌珠何獨留」，述說楊衢雲身後家破人
亡的凋零慘況，讀之令人惋惜不已。

流亡東洋

大通之役和惠州起事等接連失敗，清政府嚴緝反政府人士，尤列
當然亦在被緝之列。時尤列已避地東洋，清政府參將顏梓琴在湖北麻
城拿獲一人，且訛稱此人即尤列，欲以此邀功，人犯則押解回湖北武
昌，然後就地正法。可見清政府未睹尤列真容，捉拿犯人過程相當草
率，未有查證被捕人士確切身份。尤列事後閱報得悉，才知此人無辜
做了自己的替死鬼，更覺清政府昏庸無道。[48] 令人懷疑的是，尤列究

---

47 〈香港失陷遙弔先君〉。
48 《尤列事略》，頁69-70。

竟是因自立軍起事，還是惠州起義而被通緝？惠州起事規模細，遠不
及大通之役。那麼，尤列是否因曾參與大通之役才被清政府盯上？

收在《順德尤列先生八秩開一榮壽徵文啟》的〈順德尤列先生事
畧〉一文，提供了一條線索，該文其中有云「惠州失敗後，鄂督張之
洞購先生（按，尤列）急」。[49] 張之洞為湖廣總督，又是血洗自立軍、
處決大通諸將之人，且惠州又在張之洞轄區之外，如果尤列沒牽涉其
中，何以「鄂督張之洞購先生急」？

正如前述，尤列在 1900 年秋流亡扶桑。抵步未久，他前往東京
上野，憑弔在日本西南戰爭中死去的日本一代偉人西鄉隆盛（1828 –
1877）的遺像，又賦詩一首，以西鄉自況：

> 中原噴血老潛龍，來而生芻釋大同。嗟我聰明遭鬼
> 瞰，如公氣象竟天雄。
> 最難司馬家陳涉，誰復文犧禮亞東。萬里蒼茫歌一
> 曲，蕭蕭楓葉滿山紅。[50]

尤列此詩雖談西鄉，但亦有流露自己心境的意味。「中原噴血老
潛龍」，「潛龍」兩字源自《易經》「潛龍勿用」一語。尤列熟讀儒家
經典，當然也讀過《易經》。這一句或指自己是一個來自中國的志士。
「來而生芻釋大同」，「生芻」出自《詩經・小雅・白駒》「生芻一束，
其人如玉」，「芻」乃草之意，這處「生芻」可解作微薄的奠儀。這一
句或指尤列向西鄉敬祭之餘，盼能為世界大同出一分力。這反映尤列

49　〈順德尤列先生事畧〉，頁 6 下。

50　〈庚子暮秋至上野〉。西鄉隆盛是薩摩藩武士，是明治維新的政治指導家，政治生涯大起
　　大跌。後在西南戰爭中兵敗自盡。有關西鄉隆盛的生平，可參曰井勝美等編：《日本近現
　　代人名辭典》（東京：吉川弘文館，2001 年），頁 445 – 446。

頗受《禮記》大同與小康思想的影響。「嗟我聰明遭鬼瞰」一句，「鬼瞰」這裏有被禍之意，似是慨嘆西鄉最後因起事失敗而自裁，或是不甘起事失敗。「如公氣象竟天雄」讚頌西鄉隆盛，意思相當明白。「最難司馬家陳涉」一句，當是指太史公馬遷（約公元前 145－約前 86）將陳涉（？－前 208）的傳記列入《史記》的「世家」而為《陳涉世家》。陳涉即陳勝，與吳廣（？－前 208）揭竿起義，掀起反抗暴秦的序幕。尤列似乎甚欣賞太史公的慧眼。這亦反映他對西鄉隆盛的看法。一方面，尤列以西鄉隆盛比擬陳涉，另一方面，他亦以陳涉自比。尤列知道反清革命運動道路既艱且難，且有可能失去性命。「誰復文犧禮亞東」慨歎西鄉斯人已逝。「萬里蒼茫歌一曲，蕭蕭楓葉滿山紅」二句，即指革命乃漫漫長路，難以看到終點。

晚清中國人對西鄉隆盛已有相當認識。當時紹興一份白話報謂「西鄉隆盛是日本維新時候頂有名的豪傑，平時最喜提拔後輩」。[51] 一位署名「天南俠子」的作者訪東京上野西鄉隆盛的遺跡有感，謂「西鄉戰績最堪思，跨鞍濺血人何在」。[52] 不少人均視西鄉隆盛為英雄豪傑。尤列當然也不例外。西鄉隆盛不平凡的一生，相信是尤列欣賞他的主要原因。

尤列在日期間，意志並不消沉，仍積極從事革命活動。他與孫中山同宿於日本橫濱山下町前田橋第百二十一番館，既與眾手定「中華民國」之號，又刻「中華民國萬歲」圓形印璽一枚。在 1901 年西曆元旦，尤列等號召中國諸留日學生，在東京宣佈啟用該印璽；又定下兩大方針，一為連絡學界，二為引導華僑。在日時，尤列等與

51　〈西鄉隆盛〉，《紹興白話報》，1905 年，第 76 期，頁 4。

52　天南俠子：〈游上野觀西鄉隆盛遺跡〉，《清議報》，1899 年，第 29 期，頁 1。

1901 年前後，尤列在日本與孫中山和孫中山姪孫昌等合照。前排右一為尤列，中坐者孫中山。後排左一為孫昌。

圖片來源：晚晴園－孫中山南洋紀念館

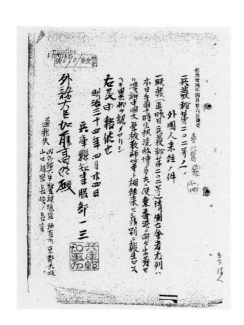

日本政府有關尤列在日行蹤的檔案
圖片來源：JACAR（アジア歷史資料センター）Ref.B03050064800、各国内政関係雑纂／支那ノ部／革命党関係（亡命者ヲ含ム）第二卷（1-6-1-4_2_1_002）（外務省外交史料館）

留日學生如王寵惠[53]、吳念茲、吳祿貞、張繼（1882－1947）、程家檉（1874－1914）、戢翼翬（1878－1908）、劉伯剛和蔡鍔（1882－1916）等均有往還。[54] 尤或在吳祿貞擬據大通時已認識對方。[55] 不過初時中國留日學生對孫中山頗抗拒，「疑孫公驕桀難近，不與通」，秦力山率先與孫中山交往，未幾章太炎（1869－1936）亦與之遊，各留學生知「孫公無佗獷狀，亦漸與親」，[56] 遂開始接受孫中山。

日本官方亦有留意尤列在日行蹤，稱其為「清國亡命者」。[57] 根據日方記錄，1901 年 4 月 21 日下午四時乘搭氣船博多丸從橫濱入港，然後在神戶上岸，往訪中山手通三丁目清國歸化英國人陳侶樵，又訪同文學校。[58] 該校教師帶他到市內散步。24 日上午十時尤列乘搭氣船博多丸赴香港。[59]

轉戰南洋

尤列在日本的革命事業未能大展拳腳，原因之一可能是言語障礙。另一原因或許是他看透日本人對中國懷有領土野心、助華動機

---

53 據說王寵惠當時在日本研究政治。詳見清水安三：《支那當代新人物：舊人と新人》（東京：大阪屋号書店，1924 年），頁 85－89。

54 《尤列事略》，頁 70。

55 〈吳祿貞傳〉。

56 〈秦力山傳〉。

57 日本人當時稱中國為清國。

58 這個清國歸化英國人陳侶樵可能是香港人。中山手通三丁目是神戶同文學校的地址。詳參 S. H. Cheung, "Frank's Letter", *Chung Hwa English Weekly*, June 1924, Vol. XI, No. 263, p. 77.

59 JACAR（アジア歴史資料センター）Ref.B03050064800、各国內政関係雑纂／支那ノ部／革命党関係（亡命者ヲ含ム）第二卷（1-6-1-4_2_1_002）（外務省外交史料館）。

不純，[60] 故鮮與日本政客、浪人和右翼團體如玄洋社[61] 或黑龍會等來往。所以他在日本的網絡僅限於中和堂人物和革命志士、華僑，以及極少數的日本文人。

1901 年秋，尤列遂決意轉戰南洋。他在當地創立中和堂，宣揚革命思想，且與保皇黨角力。尤列擇居新加坡，主要是因為當地華人甚眾。華人何時開始移居當地，史無確載，然當在十八世紀末或十九世紀初。[62] 尤列抵新之時，新加坡已是一個發展頗成熟的地方，且華人群體是當地一股重要的經濟力量。

在十九世紀最後二十年，華人移民東南亞有兩種形態，其一是「客頭制」，即所謂的「咕喱」制；其二是親族集團制。「客頭」為海外華人社區提供「咕喱」（即苦力）。這些「客頭」在新加坡與中國沿海通商口岸的人口流動中，扮演着重要角色。當新加坡、馬來亞等地急需勞工時，華人船主即往中國口岸招工。在各船主和各所位於中國通商口岸的苦力館的積極配合下，「客頭」將苦力源源不絕運送到各地。[63]

親族集團制則主要為各地華商所採用。新加坡、吉隆坡、馬六甲和檳榔嶼等的華人增加，是因為這類移民持續到達這些地方。當一些僑商在海外經商需人幫忙時，便請家鄉的子姪來幫忙，協助店務。「客頭制」所募集的工人，多在各錫礦中心和農場工作，是社會低下層，晚清的革命派主要是向他們宣揚革命。至於由親戚安排到南洋的

---

60 尚秉和記載日本「當甲午戊戌之交，民黨犬養毅等思亂我，遣平山周至中國招黨人」，可見日本人非真誠協助中國，而是希望透過政治投資，從中漁利。詳見《辛壬春秋》，〈民黨死事記第三十五〉，頁 262。

61 有關玄洋社的研究不少，例如：石瀧豐美：《玄洋社・封印された実像》（福岡：海鳥社，2010 年）；玄洋社社史編纂会編：《玄洋社社史》（新活字復刻版）（東京：書肆心水，2016 年）；浦辺登：《玄洋社とは何者か》（福岡：弦書房，2017 年）。

62 〈海內外紀聞：星加坡華僑之歷史〉，《華商聯合報》，1909 年，第 18 期，頁 5−6。

63 顏清湟著，李恩涵譯：《星馬華人與辛亥革命》（台北：聯經出版事業公司，1982 年），頁 116−117。

新客，則多屬社會中層，由於他們是由從商親友提攜且有經濟上的依賴，政治傾向常為前者所左右。[64]

部分具生意頭腦的華人在當地奮鬥多年後，累積了一定資本，把握商機，發跡成為巨富。惟在政治傾向上，華人富商早期多親近保皇派而疏遠革命派，例如星州閩籍富商邱菽園（1874－1941）和粵籍富商朱子佩均傾心於康有為、梁啟超師徒所鼓吹的保皇理論。[65]

尤列初到貴境，未敢大肆高談革命。他走平民路線，以醫術接近群眾。當時新加坡華人多為由家鄉到當地工作的勞苦階層，因他方生死未可卜，故多隻身上路。他鄉寂寞難耐，許多當地華僑均以賭博和宿娼慰解寂寥。很多人因宿娼而染上各類性病。據說尤列精醫花柳雜病，故及門求診者如市。尤列又常踏足煙館賭場，向草根華僑傳播革命反滿思想，結果自己亦染上吸食鴉片之習。嗣後尤列往吉隆坡、檳榔嶼、霹靂、柔佛各埠，得到了許多支持者，遂在吉隆坡創立中和堂。[66] 尤列有感召力，且具知人之明，對分堂各領導的優點了然於心，用人推心置腹，因此中和堂能夠迅速壯大，日進無疆。以下先回溯一下中和堂成立的過程。

中和堂的發展

前文提到，尤列在香港創辦了中和堂。[67] 隨着尤列踏足東洋，中和堂亦在日本建立起來。當地中和堂的創辦，有一段頗為曲折的歷

---

64 《星馬華人與辛亥革命》，頁 116－117。
65 《尤列事略》，頁 70。
66 〈中和堂小史〉。
67 《尤列事略》，頁 67。

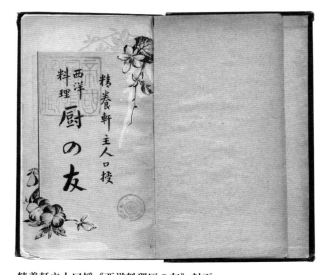

精養軒主人口授《西洋料理廚の友》封面
圖片來源：精養軒主人口授，服部國太郎編：《西洋料理廚の友》
（東京：大倉書店分店發行，1902年）。日本國立國會圖書
館藏。

史，陳少白亦曾參與其事。

　　日本中和堂創立於1899年，本來沒有名字，社址設在日本橫濱
山下町唐人街，原為華僑工界俱樂部。當時興中會日本分會早已不
太活動。此分會是孫中山、陳少白和鄭士良等在1895年所籌建，惟
革命思想尚未深入民心，僅有三十多位會員。1897年下半年，橫濱
僑商鄺汝磐、馮鏡如（1844－1913）等組織中西學校，教導華僑子
弟。他們請孫中山推薦老師，孫介紹梁啟超，梁又介紹徐勤（1873－
1945）代替，且由康有為命名為「大同學校」。梁、徐兩人均為康有
為門人，大同學校自然為康派人物所支配，漸有反客為主之勢。到了
1898年夏，清光緒帝銳意推行維新，康派人物因康有為得澤聖恩，一
登龍門，聲價十倍，自然不屑與孫中山和陳少白等往來。僑商亦因自

身地位和財產的關係，多傾向支持清帝，鮮有支持革命派。興中會日本分會的會員亦有多少動搖，革命事業一度陷入了低潮。大同學校的校址原為中華會館的公產，早已成為康派人士基地。康派人士為擴張勢力，更打算將勢力延伸至其他公產，以圖壯大聲威。他們的舉動引起各方強烈反響。首先是大同學校強令基督徒子弟向孔子像行三跪九叩之禮，以示尊孔，如不從，即勒令退學。因此基督徒趙嶧琴、關貴等另起爐灶，創立華僑學校。然後是學校不設國語教師，一律用廣東話教課，江浙學生自然難以跟上學習進度，故寧波人、曾在日本華俄道勝銀行工作多年的郭外峰等另創三江幫學校。最後是工界和小商人厭惡康派人物的「一言堂」作風，憤而另組一小型俱樂部（即前述的華僑俱樂部）。此即日本中和堂的前身。[68]

這俱樂部在成立之初，本沒有名字，且亦非政治團體。發起人為鮑唐、楊少佳、陳澤景、溫炳臣、陳和等幾十人。會址設在唐人街其中一建築物之第二層，是聯誼場所，堂中設有關聖帝君，遇有神誕和喜慶節日，鑼鼓喧天。尤列在香港所創立的中和堂本與此俱樂部為兩個不同組織。尤居日時因與俱樂部中人認識，遂代擬名為「忠和堂」。這是日本中和堂與尤列手創的中和堂連繫之始。[69]尤列有洪門背景，對堂口觀念有頗深的認識，且「忠和」兩字亦具洪門色彩，故筆者估計，尤列是有意將洪門精神注入這俱樂部，將之發展為革命的潛在力量。

1898年秋，康、梁在百日維新失敗以後，流亡海外，繼續其保皇運動。1899年夏秋之際，康、梁等欲擴大保皇力量，有意染指中華會館公產，忠和堂同仁溫炳臣、陳和為表抗衡，介紹陳少白為忠和堂顧

68　〈中和堂小史〉；丁文江（1887－1936）、趙豐田（1905－1980）編：《梁啟超年譜長編》（上海：上海人民出版社，2009年），頁48；楊天石：《找尋真實的蔣介石──蔣介石日記解讀》（香港：三聯書店，2008年），頁60。

69　〈中和堂小史〉。

問。[70] 此舉很可能是尤列從中促成的。

忠和堂與尤列、陳少白聯繫上，漸漸成為革命力量的一個地盤。陳少白精於謀略，努力將忠和堂組織加以優化。先是易「忠和堂」之名而為「中和堂」，然後是建議將堂中關聖帝君像移去，原因有二，一因陳少白是基督徒，二是希望藉此吸引基督徒參與。會員遂多從陳少白之議。當時在埠華人，因大同學校染指公產一事，曾在中華會館屢次爭論，惟大同學校值理多為較富有的商人，有相當力量左右議事，陳少白想到以小擊大，指使中和堂會員在各次聚會中反對，令康、梁等不能強佔中華會館公產。中和堂自將聖帝君像移去後，開始有基督徒加入，翟美徒便是其中一人。他是洋行書記，也是夜校英文教師，與陳少白本已相識。1899 年陳少白赴香港創辦《中國日報》，翟美徒遂被公推主持中和堂。1900 年，尤列從香港往橫濱，中和堂請尤演講時政，尤說話慷慨激昂，聽眾深受感動，未幾各人公推尤列為會長。自此以後，中和堂成為了興中會會員和中國留學生的聚腳點，遇有知名革命人士過境，定必邀請作演講，多以宣揚民族主義為號召，在這樣潛移默化的環境下，中和堂同仁革命思想日漸明晰。1901 年，中和堂應日本華人留學生團體勵志會的邀請，派尤列、翟美徒出席勵志會在東京上野精養軒舉行的新年慶祝會，[71] 相信尤列是藉此機會，將「中華民國」印璽公諸於世。可見當時中和堂也積極加強外部聯繫。

1901 年秋，尤列前往南洋，在新加坡行醫濟世。他四出活動，向華僑宣揚革命思想。尤列將中和堂帶到南洋去，且在那裏陸續吸收黃

70　〈中和堂小史〉。

71　〈中和堂小史〉；沈殿中：《中日交流史中的華僑》（瀋陽：遼寧人民出版社，1991 年），
　　頁 258。

人間到處有青山：四大寇之尤列傳

「中華民國萬歲」圓形印璽
圖片來源：尤迪桓、尤曾家麗家藏照片。
今存香港孫中山紀念館。

中和堂新加坡正原大總墳
圖片來源：新加坡廣惠肇碧山亭文物館

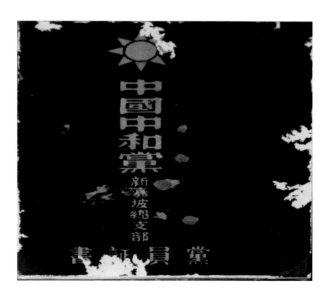

中和黨會員證
圖片來源：尤迪安攝於新加坡晚晴園—孫中山南洋紀念館。新加坡國家博物館藏。

世仲（1872－1913）、黃伯耀（約 1881－1965）[72] 和康蔭田等文人。三人因為無法在國內謀生，故同在新加坡的賭場擔任文書工作；三人亦是有志能文之士，常投稿至當地的華文報紙《天南新報》，縱談時政，抒發己見。尤列與他們認識後，知道三人均非池中物，遂介紹他們到《中國日報》和《天南新報》當記者。[73]

尤列在新加坡創立中和堂，追隨者日增。會員最初多為工人，後來農商界人士陸續加入，曾有保護國事犯和反對美國華工禁約等之舉，繼而設立學校、書報社等，以為開通民智之工具。[74] 洪門在南洋華僑當中有相當力量，尤列的洪門背景令他更容易打進海外華人的社交圈子中。

除了建堂之外，1902 年尤列在新加坡碧山亭籌建正原總墳，以作為中和堂人的公塚。[75]

革命在新加坡

然而革命派在南洋的實力始終不夠雄厚。1903 年之前，南洋如馬來亞等地，保皇勢力均佔上風。自尤列的中和堂立足新加坡以後，革命思潮開始在南洋廣泛傳播。尤列人緣甚佳，在革命路上得到許多同路人的幫忙，其中一人是鄺藝良。鄺字旦若，廣東三水人，是馬

---

72 黃伯耀為黃世仲弟，1965 年逝於美國舊金山，生卒年根據〈革命老人黃伯耀病逝舊金山〉，《香港工商日報》，1965 年 1 月 13 日。

73 〈中和堂小史〉。另外，郭天祥曾考證黃世仲加入中和堂的具體時間，認為應在 1902 年初冬。詳見郭天祥：〈黃世仲生平考辨二題〉，《清末小說》，2006 年，第 29 號，頁 93-99。

74 〈關仁甫重振「中和堂」記〉。

75 《中國中和黨總理尤列革命年表》，頁 20－21；李國樑：《大眼雞‧越洋人》（新加坡：水木作坊出版社，2017 年），頁 125－128。

來亞雪蘭莪和吉隆坡的國家醫生。鄺藝良曾在香港華人西醫書院學醫，與孫中山認識，尤列亦認識他。當尤列到南洋時，鄺為吉隆坡國家醫生，住在文龍港的醫生樓。尤列借此為機關，招集各方革命志士。鄺藝良不單提供地方，且承擔一切費用。[76] 鄺藝良更是中和堂成員，1947 年時仍在世，為中和黨南洋區監委。[77] 另外二位則是新加坡年輕華人富商。一為潮人張永福（1872－1957），一為閩人陳楚楠（1884－1971），他們思想開明，傾心革命，素知尤列為革命中人，故特往訪尤，一見投緣。陳、張與其他華商在當地合組小桃源俱樂部，以作為革命派的聚會地方，尤列自然成為俱樂部的常客。[78]

在辛亥革命前夜，革命火種已在萌芽。各通商口岸的知識份子，因與外國人、新銳知識份子和社會精英接觸日多，漸明瞭世界大勢，強烈地感到新時代已到來，舊思維已不再管用，應加以揚棄。從前視革命派為洪水猛獸的人，開始對革命改觀。當時口岸有很多大小報紙出版，為國人提供娛樂、資訊之餘，同時介紹社會最新思潮。1903 年《蘇報》案的主角《蘇報》，就是這芸芸眾多報紙的其中一份。

《蘇報》原為上海一小報，1896 年由安徽商人胡鐵梅在租界創立，其日籍妻子生駒悅出面，向上海日本總領事館註冊。後為陳範所購。陳原是江西落職知縣，憤於政治不修，欲以清議救中國，故出資接收《蘇報》。在陳領導的幾年間，報紙緊隨時代思潮，從變法至保皇，再由保皇演至革命，為時代的先驅。執筆者如吳稚暉（1865－1953）等皆為一時俊彥。1902 年，《蘇報》更在報上闢「學潮」一欄目，為東南教育界的園地。這時蔡元培（1868－1940）、章太炎等

76　〈順德尤列先生事畧〉，頁 9 下至 10 上。鄺藝良 1893 年進入香港華人西醫書院，1899 年畢業，參羅婉嫻：《香港西醫發展史》（香港：中華書局，2018 年），頁 88。

77　萬仁元編：《國民黨統治時期的小黨派》（北京：檔案出版社，1992 年），頁 415－418。

78　〈中和堂小史〉。

創辦中國教育會，當時南洋公學學生反對校方的壓迫，遂向中國教育會求助，蔡元培、章太炎等同意設法幫助，另立愛國學社，由章太炎等主講學術，又收留了南京陸軍學堂退學的學生。社內學風採放任主義，師生時常議論時政，大談革命，且以《蘇報》為宣傳機關。1903年，《蘇報》聘章士釗（1881－1973）為主筆，在報端大談革命。《蘇報》先後刊登鄒容（1885－1905）《革命軍》和章太炎激情併發的〈駁康有為論革命書〉節略。清政府大為震怒，鄒容、章太炎等人被捕，後來更被判監；《蘇報》亦被查封。此即《蘇報》案的大概。[79]

《蘇報》案引起海內外大譁。陳楚楠、張永福和其外甥林義順（1879－1936）以小桃源俱樂部名義，發電予駐上海英領事，請其不要將鄒容和章太炎二人引渡給清政府。陳楚楠、張永福又出資翻印鄒容《革命軍》五千冊，易名《圖存篇》，且設法輸入福建和廣東。[80] 顯見陳、張、林等人對中國政局十分關心。三人之中，尤列最欣賞張永福，將他與張靜江（1877－1950）和前述的鄺藝良合稱「華僑三傑」。[81] 在這裏，簡單介紹一下張永福的生平。

張永福字叔耐，廣東饒平人，[82]「世居新加坡已有百餘年」，[83] 是南洋同盟會和後來國民黨中堅。[84] 他是新加坡樹膠商人，乃當地橡膠業鉅子，先後在汕頭、香港創辦平民樹膠廠，又曾是上海力士膠底鞋公

79　楊劍花：〈清季蘇報案始末與人物概述〉，《新江蘇月刊》，1942 年，第 1 卷，第 2 期，頁 49－50。

80　蔣永敬：《孫中山與辛亥革命》（台北：台灣商務印書館，2011 年），頁 286。

81　〈順德尤列先生事畧〉，頁 9 下。

82　《現代支那人名鑑》，頁 188；外務省東亞局編：《新國民政府人名鑑》（東京：外務省東亞局，1940 年），頁 7。

83　陳一峯：〈張永福先生訪問記〉，《華文大阪每日》，1940 年，第 5 卷，第 11 期，頁 37－38。

84　《新國民政府人名鑑》，頁 7。

司大股東，廣為南洋華僑所稱
頌。[85] 他熱心辦報，冀能藉此
傳播革命思想，先後在 1904
年創辦《圖南日報》、1906 年
創辦《南洋總匯新報》、1907
年創辦《中興日報》，[86] 是支
持革命的有心人，在革命派素
有清譽。張永福後曾返國，任
汕頭中央銀行行長、汕頭市政
廳廳長等職；[87] 惜晚年失足，
參與日本人在背後控制的汪精
衛政府，任僑務委員會常務
委員。[88] 嗣後被判囚一年半，
1946 年獲假釋。[89]

　　張永福等所辦的《圖南日
報》是革命派在南洋的第一份
報紙，延請尤列為總編輯。[90] 尤
列以「吳興季子」之名撰發刊
辭，洋洋數千言，向廣大南洋

第一份南洋革命派報紙《圖南日報》的月份牌
圖片來源：張永福：《南洋與創立民國》（上
海：中華書局，1933 年）

85　〈褲事類：僑商張永福之發明權〉，《僑務》，1923 年，第 65 期，頁 54；敉平：〈張永福
　　與拒賄議員〉，《東方日報》，1940 年 6 月 10 日。

86　〈張永福先生訪問記〉。

87　〈國難會員張永福昨抵港〉，《工商晚報》，1932 年 5 月 12 日。

88　〈張永福與拒賄議員〉；〈大東亞戰爭時期海外華僑之動向：僑務特派員張永福談宣慰泰越
　　僑胞之經過〉，《僑聲》，1942 年，第 4 卷，第 8 期，頁 47－50；貝少芬：〈張永福潦倒
　　都門〉，《真報》，1948 年 4 月 20 日。

89　〈張永福假釋出獄！〉，《快活林》，1946 年，第 19 期，頁 9。

90　張永福：《南洋與創立民國》（上海：中華書局，1933 年），〈重洋萬里的友聲〉，頁 8。

華人揭櫫革命真理。惟辦報耗費甚鉅，一年內已虧本一萬六千餘元。[91]

　　孫中山在美國時，偶閱《圖南日報》，感到十分高興，遂寫信給尤列，請其協助連絡陳楚楠、張永福二人。[92] 1905 年初夏，孫中山途經新加坡，與尤列、陳楚楠、張永福和林義順等見面。因新加坡當時仍禁止孫入境，不能登岸，故尤列等登船與孫中山會晤。孫謂歐洲中國留學生團體已成立革命組織，到日本後即可組革命黨總機關，請尤等預先準備。尤列同意孫中山的安排。1906 年，孫中山再抵新加坡，英政府禁止孫入境期限已滿，張永福等遂在晚晴園接待孫。孫中山謂已在東京成立中國同盟會本部，他請尤列主盟於南洋，組織新加坡分會。革命人士遂推舉陳楚楠為分會長。自此之後，各埠中和堂會員多加入同盟會，然而舊有的俱樂部依舊存在。[93]

　　尤列在新加坡進行革命活動，心境是孤清落寞的。在一首不著年份、寄給一位名「天南叟」的友人詩中，尤列如此描寫自己的境況：

　　（一）每說神州恨有餘，況當攜手論交初。十年交友無鮑叔，千古懷人弔楚胥。機已陸沉埋組織，勢難天問混車書。與君傾蓋欣投分，壺碎今猶興勃如。

　　（二）南荒秋氣撲人來，白壁紅樓遍碧埃。今日鼓旗尊將閫，舊時弓劍使君臺。笳吹月上生寒籟，葉戰風鳴徹夜哀。獨繭天涯倚惘帳，枕屏殘燭更徘徊。

　　（三）羊石星洲一樣秋，怯涼爭似海珠頭。早齊物我忘生死，敢為飄離怨病愁。急雨乍聞千瀑瀉，好風剛

91　〈順德尤列先生事畧〉，頁 10 上。

92　《孫中山與辛亥革命》，頁 286。

93　《尤列事略》，頁 73。

戀半衾留。年來自笑真蓬梗，北海南溟盡泛舟。

　　（四）網軒珠綴昨歌場，翠袖殷勤勸客觴。我發狂吟惟變徵，君騰綺思夾清商。山桐搖落風天撼，江柳扶疏烟水茫。試聽沙頭叫孤雁，羽毛零亂傍重洋。[94]

尤列謂自己「十年交友無鮑叔」，不過認識了天南遁後，覺得「與君傾蓋欣投分，壺碎今猶興勃如」，彼此十分投契，飲酒暢談，至為快慰。「南荒秋氣撲人來」、「羊石星洲一樣秋，怯涼爭似海珠頭」三句，意指這首詩寫在南洋之秋；「笳吹月上生寒籟，葉戰風鳴徹夜哀。獨繭天涯倚惆悵，枕屏殘燭更徘徊」，寫的都是蕭殺的景象。「年來自笑真蓬梗，北海南溟盡泛舟」，則是說自己四處漂泊。為了革命，他已「早齊物我忘生死」。可能為了暫忘憂愁，他也偶爾寄情醇酒美人；「翠袖殷勤勸客觴」一句，寫的是女士殷殷勸酒。「試聽沙頭叫孤雁，羽毛零亂傍重洋」，說的是自己孤身走革命路，換來滿身傷痕。

新加坡是英國殖民地，「為東西交接之樞紐，商務發達之勢，蒸蒸日上，不可遏抑」。[95] 1906年，一位曾訪當地的華人謂「善於治法之英人方執政，途無寇盜野獸之害，市無強族勢豪之虞，官清吏廉，尊卑守分。工部局董之權，地主操之；判案之陪審員，各種人充之」。[96] 可見二十世紀初當地經濟發展甚佳，法制亦甚健全。尤列曾在新加坡和香港均生活了頗長時間，對西方文明和法治自有一定認識。這對他的革命思想有相當的影響。

有學者謂尤列1920年代「居港期間，目睹時艱，內有軍閥混

94　〈星洲秋夜書懷，即柬天南遁〉，《小園詩集》，收於《尤列集》，頁261–262。
95　〈航業紀聞：星架坡航業之進步〉，《萬國商業月報》，1908年，第8期，頁45–46。
96　南遊人：〈星加坡風土記〉，《通問報：耶穌教家庭新聞》，1906年，第210期，頁7。

尢列與南洋革命志士合照。前排左二張永福、左三陳楚楠、中為孫中山，孫中山旁為尢列、右一林義順。

圖片來源：晚晴園－孫中山南洋紀念館

1907 年前後，尤列（右四）與孫中山及其
他同盟會新加坡分會會員攝於晚晴園。
圖片來源：National Collection

一葉樓孔道講堂廣告
圖片來源：〈仕商告白：一葉樓孔道講堂〉，
《天南新報》，1904 年 3 月 1 日。李國
樑先生提供。

戰，國共鬥爭，外則日本侵華。遂起而闡揚孔子遺教，謀求以倫理救
國」，[97] 其實尢列公開講學，已有悠久的歷史。他「嘗設孔道講堂於星
洲，雖以《四書》為講本，乃其言論，則無不歸納於革命，使人不經
不覺與之同化」，[98] 將革命和經學和為一談。該講堂名為「一葉樓孔道
講堂」，位於牛車水畢麒麟街上段（Upper Pickering Street），俗稱
「單邊街」，[99] 地址是大坡模實得力門牌第十八號三樓，尢列自稱「一
葉樓主」。該堂特設講員，「演說《四書》，以冀昌明正道」，一星期開
講二次，一為星期日下午二時至四時，一為星期三晚上七時至九時。[100]
十多年後，尢列在香港的皇覺書院，延續了這樣的講學模式。

---

97 《中山先生與港澳》，頁 83。
98 〈順德尢列先生事畧〉，頁 7 上。
99 此據新加坡晚晴園─孫中山南洋紀念館副館長葉璞女士提供資料，特此鳴謝。
100 〈仕商告白：一葉樓孔道講堂〉，《天南新報》，1904 年 3 月 1 日。資料由李國樑先生提
供，特此鳴謝。大坡即新加坡河的南岸，參《大眼雞・越洋人》，頁 56。

十九世紀末至二十世紀初的牛車水，是一個品流複雜的地方，「市廛繁盛，莫曰大坡。洋行、銀行、信館、海關均在大坡海濱」，「有地名牛車水者，在大坡中，酒樓、戲園、妓寮畢集，人最稠密，藏垢納污，莫此為甚。」[101] 尤列就在如此龍蛇混雜的環境裏，宣揚孔道和為革命事業奮鬥。

二十世紀初，南洋「各埠倡興孔教，建聖廟，設學堂」。[102] 當地保皇派的支持者多是尊君崇孔，尤列雖與他們尊君思想迥異，但崇孔之心則一。

尤列重《四書》的看法早在青壯年時代已形成。他非常看重《四書》，在晚年講學時謂「《四書》者，固六經之鈐鍵也，非《四書》則《六經》不為用」，[103] 即指《四書》是開啟《六經》的關鍵。尤列又謂「《六經》物也」，而「《四書》人也」，[104] 只有人才會懂如何使用物件。有關尤列的經學思想，會在本書稍後部分談到。

尤列的民族思想是多方面的。他對二十世紀初美國排華曾表示相當憤慨。1905 年 6 月 20 日，新加坡華人舉行反美集會。尤列和林文慶（1869－1957）等輪流登台演説。他們提到美國華工條約如何苛刻，呼籲當地華人支持上海等地的號召。聽眾到來前已知集會的目的，聽了各人的演説後，更是群情激憤。[105]

尤列在報上曾談到該如何反制美國排華。當時他以「吳興季子」之名發函：

---

101 《新加坡古事記》，頁 168。

102 〈錄天南新報〉，《知新報》，1900 年，第 119 期，頁 25－26。

103 《孔教革命》，頁 179。

104 《孔教革命》，頁 179。

105 黃賢強：《跨域史學：近代中國與南洋華人研究的新視野》（台北：龍視界，2015 年），頁 175。

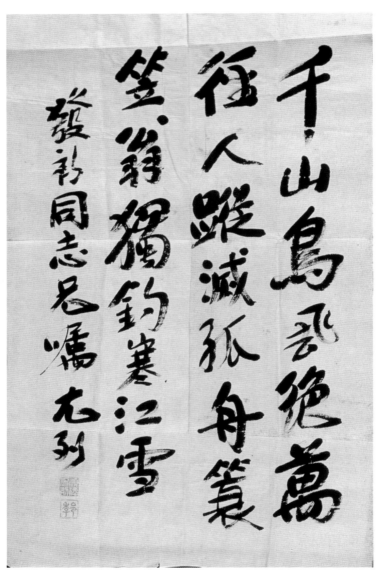

千山鳥飛絕，萬
徑人蹤滅。孤舟簑
笠翁，獨釣寒江雪

發初同志足矚 尤列

尤列贈林義順的書法。「發初」是林義順的別名。

圖片來源：National Collection/National Museum of Singapore

光復前杜南先生在吉隆坡宣傳革命之中和講堂

辛亥革命前杜南在吉隆坡中和講堂。杜南（1854－1939）是孫中山的老師。值得注意的是，吉隆坡中和堂最早公開掛出革命旗幟（見圖的中間部分），然而馬來亞的殖民政府卻能以視而不見的態度處之。

圖片來源：原為杜南珍藏照片。杜南孫杜志昌醫生（1924－2017）2011年在晚晴園紀念辛亥革命百周年聚會中，將這張百年老照片贈送給尤列後人尤迪桓、尤曾家麗保存。

讀貴報先後刊登抵制美約各節，具見曾公辦法，文明達於極點，令人肅然起敬。惟近日街頭巷口，有匿名揭帖，並刊圖將某商痛詆。雖由滿腔熱血所致，然恐與事無益，徒貽口實。應請登報廣告，勸令本埠商民，美約一日不改良，抱定一日「不用美貨」四字宗旨，轉相告語，便是已盡個人天職，餘均置之不論不議之列，期與曾公辦法相符。此後演說諸公立論，尤貴和平，不必過於激烈，致生阻力，其有願先曾公而死及仇視死曾公之人，並祈善自衛生，為國家留此有用之身。不佞極願為第二曾公，然尤願不必為第二曾公，俾曾公得以堅持到底，樂觀厥成。謹布區區，伏維公鑒。[106]

尢列詳列反制方法諸要點，不感情用事，可見他處事冷靜。另外，據說他曾編寫一本名為《美法美法》的小冊子，[107] 惟內容如何則未詳。

1907 年 7 月，隸屬中和堂的革命軍西路都督關仁甫（1873－1958）等隨孫中山在欽州和防城起事。8 月關仁甫下東興，直攻欽州，但因革命軍無法在日本購買槍械接濟，起事軍彈盡糧絕，最後歸於失敗。10 月，關仁甫、黃明堂（1866－1939）、王和順（1869－1934）等再在廣西鎮南關起事，因急需款項，尢列立即前往南洋各地策動籌餉，數目相當可觀。[108] 這從側面反映，中和堂在南洋一帶勢力甚盛，動員能力亦頗強。

106〈吳興季子致拒約諸君子函〉，《新聞報》，1905 年 8 月 20 日。
107《南洋與創立民國》，〈重洋萬里的友聲〉，頁 9。
108《尢列事略》，收於《尢列集》，頁 74－75。

關仁甫等得款後即起事，先後攻佔鎮南、鎮中、鎮北三炮台。清政府援兵至，與革命軍交鋒。最後革命軍敗走。[109]

1908 年關仁甫、黃明堂、王和順等在雲南河口起事。黃明堂、關仁甫以雲貴正副都督名義佈告安民。關即進攻蒙自，擬會合臨安周雲祥部隊進攻昆明，惟清政府援軍又至，不敵，唯有避走安南，當時有六百餘人，最後被安南當局送往新加坡。[110] 據說在起事前後，尤列在河內，採暗渡陳倉之法，與革命志士九人，假扮鐵路工人，由河內偷運軍火進雲南，行至半路，正值法轄某市場墟期，惟同行的一些人不夠機警，持槍往市集，被法國官員發現，遂控以違例攜帶武器，十人全數被羈押，送往芒街、海防定案。當地革命黨人集資訴訟，務求為尤列等脫罪，惟終告失敗，尤等被遞解至新加坡。[111]

尤列返新加坡後，居於《中興日報》報社，剛巧當地革命志士組織民鐸新劇社，聞尤自越南返新加坡，遂請尤指導該社活動，而尤亦覺演劇能向大眾貫輸民族主義，於革命有益，故欣然接受，擔任籌募經費和聯絡志士等工作，稍後率領社員在暹羅開演徐錫麟（1873－1907）刺殺恩銘（1846－1907）的劇目。尤列更粉墨登場，飾演徐錫麟一角，觀眾深受感動。[112]

前述那些流亡到新加坡的革命軍，孫中山曾請陳楚楠等設法安置。後陳等安排他們到礦場或農場等工作。然而這些敗兵頗為躁動，不受約束，滋事毆打時常發生，妨害地方秩序。尤列常作調解，但終受牽連。[113] 1909 年 3 月 25 日晚上，尤列因革命活動罪名為新加坡

109《尤列事略》，頁 75。
110《尤列事略》，頁 75。
111〈尤少紈與民鐸社〉，《上海報》，1936 年 11 月 18 日。
112〈尤少紈與民鐸社〉。
113《尤列事略》，頁 75。

的英國官員所拘。英官原擬將他與其他十餘名革命份子一併解送回中國。[114] 當時一些反對革命的人，謂尤等為「星州亂黨」、「糾黨搶劫，以致遞解出境者數十人，中和堂首領尤烈〔尤列〕，亦在其內」。[115] 新加坡政府有意驅逐尤列等出境。

尤列等被囚於新加坡珍珠山監獄。[116] 牢獄生涯當然不好過。尤列「手際銀鐺儼然」，「枳梏於今痛有餘」，[117] 意即身繫腳鐐和手銬，又謂「吾昔處囚獄，寒餒勞苦」，「復數值夜雨，狂注淹沒，死而復蘇者，至再至三」。[118] 新加坡常常下雨，當時英國人管理的監獄環境亦不太理想，獄中情況如何惡劣，自可想像。尤列本「少爺仔」一名，這樣的折磨實難忍受。如果不是心存堅定的革命信念，相信早已捱不過去了。

在監獄中，尤列賦詩念及中和堂諸將：

（一）諸公回首故鄉來，戰馬嘶鳴徹地哀。如此籠城真勁敵，從今面壁已彫材。銀鐺現勢身邊贅，金甲當年劫裏灰。試聽寒蟬寄無賴，頭顱搔遍憾徘徊。

（二）瓊海遙連想遠香，珠江屈曲似迴腸。自來霸氣鍾錦樹，賸有蠻花覆石羊。合浦忽聞明月採，崖門終見夜光殊。樓船十萬今何在，太息禺山舊戰場。[119]

---

114 〈要電〉，《時報》，1909 年 3 月 28 日。《中國中和黨總理尤列革命年表》，頁 2、26-27，冼江謂尤列 1908 年因接濟黨人在新加坡入獄，似誤。《時報》記載為 1909 年，較可信。

115 〈革命黨之獄中〉，《東華報》，1909 年 8 月 28 日。

116 〈自題珍珠山監獄寫真寄妹〉〔有序（1909 年）〕，《小園詩集》，收於《尤列集》，頁 264。

117 〈自題珍珠山監獄寫真寄妹〉〔有序（1909 年）〕。

118 〈亂書堆說〉，收於《尤列集》，頁 234-235。

119 〈獄中贈諸將──六章之二〉（1909 年），《小園詩集》，收於《尤列集》，頁 265-266。其他各章或已散佚。

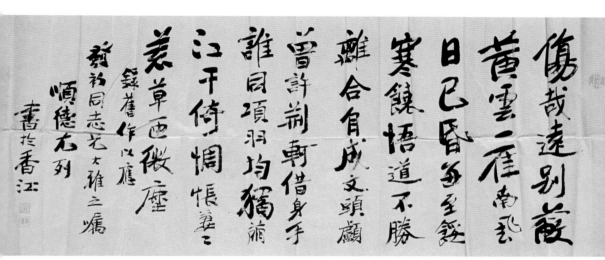

尤列贈林義順的書法，約 1930 年代。
圖片來源：National Collection/National Museum of Singapore

這一首詩的意思相當明白，是指中和堂諸將抗清的英姿，以及自己身陷囹圄的淒酸。另外，尤列又提到崖門之役。崖門海戰即厓山海戰，是宋軍與元軍的一場海戰，戰況激烈，最終宋軍覆滅，由此可見他對革命前途不感樂觀。

避地暹羅

坐牢未久，尤列幸得營救，「鐵窗風味飽嘗，逐客之令隨下」，[120]出獄後即到曼谷居住，繼續革命聯絡的工作。在泰國時，華僑蕭佛成（1862－1940）資助尤列出版《同僑日報》，一百份取價不過一元，賣出一份始收三仙，隨而五仙，一日可賣出一千六百至一千七百份，尤藉此宣揚革命。[121] 尤列離新加坡後，當地黨務受到很大影響，先是新加坡同盟會支部遷往檳榔嶼，然後是《中興日報》因經費短絀而停刊。尚幸中和堂多工界人士，宗旨純一，支撐着當地的革命事業。[122]

1910年，《同僑日報》無法維持下去，最終停刊，尤列有感而發，賦詩一首：

密點濃圈一樣填，算來填過萬千千。何時文字收功日，老我光陰又一年。[123]

---

120 《順德尤列先生八秩開一榮壽徵文啟》，頁 2 下。

121 〈順德尤列先生事畧〉，頁 7。

122 《中國中和黨總理尤列革命年表》，頁 27；〈自題珍珠山監獄寫真寄妹〉〔有序（1909 年）〕；《尤列事略》，頁 75。

123 〈庚戌（1910）臘，暹京《同僑日報》停版作〉，《小園詩集》，收於《尤列集》，頁 275。當然，這首詩亦可能是離開泰國之後寫的。尤列的詩隨寫隨散，很多都沒有註明日期，增加了研究的難度。

這首詩與尤列其他詩作風格不同，更似是首打油詩。前二句談自己寫過許多文章，後二句是他不知道這些宣揚革命的文章何時產生效力，而且自己又大一歲了。這時期尤列對革命前途感灰心，看不到曙光。

在泰國時，尤列心境不佳。在另一首詩中，更流露有慷慨就義的打算：

> 傷哉遠別蔽黃雲，一雁南飛日正昏。每至餒寒饒悟道，不勝離合便成文。
> 頭顱已許荊軻借，身手誰同項羽均。獨立江干起惘悵，萋萋荒草匝微塵。[124]

這首詩前四句談別離，第五句很直白──頭顱都可以借給荊軻（？－前 227）了。尤列以荊軻刺秦王自況，早置生死於度外。

重返國門

1910 年稍後時間，尤列重返新加坡。在南洋經營革命轉眼已近十年，中和堂在南洋勢力頗大，尤列積極引導他們回國從事起義。1911年秋，他為了把握時機，遂潛返中國，從事革命運動。[125]

清政府面對內憂外患，可說是以貧召亡，四川保路運動更拉散了湖北的軍力。1911 年 10 月 10 日武昌起義爆發，清室一蹶不振，再

---

124 〈湄南寄從弟焯南〉，《小園詩集》，收於《尤列集》，頁 264。這處所引，與贈林義順書法所寫詩句略有出入。可能後者是出於回憶。
125 〈自題珍珠山監獄寫真寄妹〉〔有序（1909 年）〕；《尤列事略》，頁 75－76。

也不能苟存下去。革命如烈火燎原，瞬間波及其他各省。起義後，尤列命關仁甫、黃明堂等負責廣東軍事；他則欲運動東洋舊識吳祿貞和蔡鍔。當時吳在東三省而蔡在雲南。[126]

尤列原打算先赴東三省，策動吳祿貞反正，然中途得悉吳在石家莊為良弼（1877－1912）派人所害，遂秘密改道雲南往訪蔡鍔，未幾蔡亦起兵反清。[127]

尤列僻處雲南，未能處理海外堂務，故命關仁甫由雲南至廣東，代行總理職務，同時兼任廣東支部長。惟廣東方面的紳商，已於10月尾與粵督張鳴岐（1875－1945）和著名鄉紳江孔殷（1864－1952）等在文瀾書院開會討論時局發展。然而張一向為人反覆，革命派對他深表懷疑，乃作兩手準備，隨時預備軍事行動。果然張鳴岐見清軍收復漢口後，便出爾反爾，主張中立。幸各人均覺清室氣數已盡，認為中立之說，沒有成立的基礎。未幾九大善堂和七十二行商各團體在廣州愛育善堂商談，反對張鳴岐中立說。當時王和順和陳炯明（1878－1933）等在惠州起事，南海、順德、三水、番禺各縣革命黨人乘時而起，新軍亦預備響應。[128]

廣東人初推張鳴岐為都督、龍濟光（1867－1925）為副都督，惟二人不孚眾望，在香港之廣東人對二人反對尤劇。張鳴岐等亦知大勢已去，遂離開廣東。諮議局再行會議，推舉胡漢民為都督、蔣尊簋（1882－1931）為軍政部長、陳景華（1863－1913）為民政部長。當時廣東省的民軍，多為中和堂人士所率領。尤列遠在雲南，中和堂諸君發電請他到廣東主持大局。尤列認為廣東局勢底定，但其他地方尚

---

126 《尤列事略》，頁76。
127 有關吳祿貞遇害經過，參〈吳祿貞傳〉，《中國革命記》，1911年，第7期，頁1－2；《尤列事略》，頁76。
128 《尤列事略》，頁76－77。

未光復，即回電請各人一切聽從孫中山之命令。[129]

　　1912 年 1 月 1 日，孫中山在南京就任臨時大總統。3 月 15 日，中和堂廣州支部長關仁甫召集廣州市中和堂同仁在東堤東園舉行懇親大會，為尤賀壽，到者七百多人，相當熱鬧。[130]

　　尤列在辛亥前夕「歸舟返舊京」，回到他睽違多年的中國，繼續策動革命，得以親見清帝遜位。他奮鬥了大半生，終於成功推翻清政府。往昔「破頭斷腰，流血過甚」[131] 的日子，總算沒有白費。尤列迎來了一段稍為安逸的日子。可惜歲月靜好的時光十分短促，「不料自中山讓位於袁，而袁氏日謀稱帝，中山再次出亡海外，列亦三島遁居」。[132]1914 年，他再一次成為海上漂客，浮桴到東瀛，一住便是六年。

129《尤列事略》，頁 76－77。
130《尤列事略》，頁 78。
131〈亂書堆說〉。
132〈對時局之宣言〉。

四海為家

第三章

孔子乃古今中外政治家之大導師。

《四書》一書，可稱為東亞四千年之大寶典，

世界萬萬年之大政綱。

——《孔教革命》

奔走各方

1912 年，帝制覆亡，尤列時在中國。他賦詩一首，流露了複雜的情感：

（一）卅年重返最高枝，景物萋萋有所思。是處樓臺仍甲帳，舊遊蕭寺長辛夷。詩人可比遼東鶴，多士群歌梁上雌。自撫頭顱堪一笑，倩誰留得到今時。

（二）生於憂患自能文，盍寫奇愁辨世紛。卻悟涅槃終了了，恐傷忠厚曷云云。虛名未必同磐石，盛會何妨作曙氛。貞下起元千戴遇，且儕蟬馬看人群。

（三）優孟衣冠說短長，可憐歌舞又登場。過秦作論猶難事，問晉臨江孰主張。芋賦暮朝皆怒目，藥關封彷聚謀常。嗟予海客心何野，靜判台中濃淡妝。

（四）金粉東南一例宜，暮春三月我來遲。痴心妄想千年樂，道範終為百世師。別羨西施攜艷婢，或誇煎餅說吾妻。萬重恩怨何當論，項羽田橫盡故知。

（五）回頭如夢影何孤，試讀哥蘭偶合符。金碗人間腰裏得，白雲天上耳邊呼。有誰竟見蘇台鹿，而我曾鳴大澤狐。多少英雄造時勢，君甘豎子欲名乎。

（六）西山青氣撲人來，挹抱陽和扇子開。草木盡培興國彥，棟樑誰是出群才。逢人作賦尋楊意，入世論交幾角哀。笑為驊騮因買骨，萬方齊集到金台。[1]

1　〈倦遊返國遣興〉〔壬子（1912 年）〕，《小園詩集》，收於《尤列集》，頁 268－269。

「卅年重返最高枝」，有苦盡甘來之意。「自撫頭顱堪一笑，倩誰留得到今時」，是說經歷了腥風血雨的日子，頭顱還能保住，已屬萬幸。「貞下起元千戴遇」的「貞下起元」出自《易‧乾》，是指天道循環不止，寫的是清政既滅，迎來了新的希望。不過在一片歡愉之中，尤列似有隱憂，「芋賦暮朝皆怒目」中的「芋賦暮朝」典故出自《莊子‧齊物論》，是朝三暮四之意，指變卦反覆，可能是他覺得共和根基未算穩固。再與「優孟衣冠說短長，可憐歌舞又登場」合觀，更覺尤列內心的不安。「嗟予海客心何野，靜判台中濃淡妝」二句，反映尤列自己也不知道革命是否對中國真有利，呼應了他常說的「我黨人功罪未定」一語。[2]「回頭如夢影何孤」一句，可見尤列覺隻影形單。「有誰竟見蘇台鹿」，「鹿走蘇台」意指國滅宮毀，「而我曾鳴大澤狐」，即指陳勝、吳廣揭竿起義事，二句合寓他曾參與革命起義，且親見清政府倒台。「西山青氣撲人來，挹抱陽和扇子開」二句，形容一片新景象，「挹抱陽和」出自《道德經》「萬物負陰而抱陽，沖氣以為和」，談的是道乃陰陽二氣的和融，又是他平常強調的中和之道。

1913 年 6 月 3 日，尤列抵京，「近者以國內黨爭極為劇烈，尤〔尢〕君思以至誠感格之」，[3] 希望憑一己之力，排解各方分歧。3 日早上到京，共和黨、統一黨均派代表到車站迎接。時為大總統的袁世凱派王賡（1895－1942）為代表往迎，又派總司令段祺瑞（1865－1936）接待，派出馬隊迎至東廠胡同軍人俱樂部居住。[4] 尤列曾賦長詩〈東廠歌〉一首，[5] 有今昔不同之慨，其中一句亦謂東廠「借作軍

2　〈順德尤列先生事畧〉，頁 8 下。
3　〈革命鉅子尤列到京記〉，《香港華字日報》，1913 年 6 月 4 日。
4　〈革命鉅子尤列到京記〉。
5　〈東廠歌〉，《小園詩集》，收於《尤列集》，頁 270－272。

人俱樂部」。[6] 從前是亡命天涯的欽犯，現在居然備受隆遇，相信尤列定必百感交集。

　　早在 5 月 28 日，由梁啟超牽頭的進步黨召開成立大會，已見尤列之名，當時他尚未到京。會上舉定理事為張謇（1853–1926）、伍廷芳、那彥圖（1867–1938）、梁啟超、孫武（1879–1939）、湯化龍（1874–1918）、王賡、蒲殿俊（1876–1934）、王印川；政務部部長林長民（1876–1925）、副部長時功玖（1879–1940）；黨務部部長丁佛言（1878–1930）、副部長孫洪伊（1872–1936），參議員有五人為廣東人，分別是尤列、唐恩溥（1881–1961）、徐勤、張振勳（1840–1916）和湯覺頓（1878–1916）。[7] 姑舉數例便知，各人均大有來頭。張謇是狀元、大實業家，也是近代著名教育家；林長民乃林徽因（1904–1955）父；張振勳即張弼士，廣東大埔人，是南洋富豪，曾捐巨款予香港大學；[8] 唐恩溥即近代著名中醫唐天如，廣東新會人，是梁啟超的老朋友和同鄉。[9] 在這些人當中，不少是晚清的保皇黨（如徐勤等），尤列往昔與他們政見不同，然事過境遷，清政府在 1912 年滅亡，過往芥蒂早已不復存在。

　　尤列留京期間，積極與當道要人見面，勸他們招攬華僑回國，請他們領導推行實業救國，以及當管理新事業的官員。尤列的見解當時甚受各界歡迎。[10]

　　袁世凱野心極大，招尤列等入京不是求賢若渴，而是欲利用他以

6　〈東廠歌〉。

7　〈政黨特電〉，《東華報》，1913 年 6 月 21 日。

8　〈請將張振勳宣付史館〉，《香港華字日報》，1917 年 1 月 10 日；《現代支那人名鑑》，頁 127；蔣英豪：《黃遵憲師友記》（香港：香港中文大學出版社，2002 年），頁 251。

9　〈新會名儒唐天如明日家奠〉，《華僑日報》，1961 年 2 月 22 日；唐恩溥：《文章學》（香港：白沙文化教育基金會總代售，1961 年）。

10　〈尤列先生遍訪當道論招華僑回國〉，《香港華字日報》，1913 年 6 月 25 日。

分化離間眼中釘孫中山、黃興（1874－1916）等。尤列到京後，袁世凱待以上賓之禮。一日，袁世凱與尤列閒談，突問尤，孫的為人究竟如何。尤不假思索便回答，孫中山不但是中國偉人，也是世界福星，有過人魄力，十分聰明，又說孫中山遠比自己優勝，是現代的人傑。袁世凱聽了之後，沉默良久。[11] 袁想要的不是這些讚美話，而是希望從尤列口中聽到對孫的批評。二人又談到國家大計，尤列除說到政治軍事外，特別強調實業救國，這些說話亦非袁世凱想聽的話，袁只覺尤的見解十分迂闊。兩日後，袁世凱欲任命尤列為三省籌邊使，派蔡廷幹（1861－1935）告訴尤列，尤辭之。再數日後，興中會故人朱琦姪朱通孺往訪尤列。朱通孺向尤列展示《孫文罪惡史》一冊，說袁世凱請尤列修改斧正，事成之後，當餽以厚禮和祿位，又乘時中傷孫中山一番，謂孫中山所作所為，令人失望至極。尤列當下便機警地意識到，背後袁世凱必定有重大陰謀。他說自己「硯田久荒，恐不足以當大雅之一盼」，推搪自己沒有這樣的能力，又指朱通孺家學深厚，文采更佳，更適合修改全書文辭，但他希望朱能把書留下，因為他對這書很感興趣。這只是虛與委蛇之策，不想朱起疑心。[12]

朱通孺離去後，尤列即與同行者進房密商，謂事有古怪，此地不宜久留，遲則恐出事端。尤列與同行各人約定，當天晚上尤借故先往天津，然後請各人相機離去，在法租界大安棧會合。晚飯後，尤借訪友為名，偷偷前往陽門乘夜車往天津，未幾呂信之、何伯袞和朱耀明俱到。為節省住宿費，四人同住一房，十分擠迫。二日後，袁世凱知道尤列在天津，便請同為粵人的蔡廷幹往天津勸尤返京，且贈以旅費二千元。尤拒絕了蔡之請求，推說在天津再稍留後便會回京。實際

11　呂信之：〈尤列與袁世凱往還經過〉，收於《尤列集》，頁 101－104。

12　〈尤列與袁世凱往還經過〉。

上尤列等身上只餘二百元，很快便告用盡，且已積欠二百多元，想離開也不能，食也不得溫飽。袁世凱繼續派人當説客，誘以重金，勸尤回京，但都為他所回絕。尤等數人早已捉襟見肘，幸有一天呂信之路經紫竹林，走過一間印刷店門前，突然聽到店中有人説鶴山話，呂遂入內攀談。原來該店主人溫德澤是廣東鶴山人，曾在南洋經商，是中和堂會員，對尤列相當景仰，知道尤在天津，很想和他見面。溫德澤一向熱心革命，在天津經營印刷，頗有資產，知道尤列的困境，即贈送八百元予他。尤等得到這一筆錢，立時解決了財困。他先安排何伯褒和朱耀明返廣東，自己則和呂信之暫留天津。過了一個多月，旅費亦已用盡，二人也只好離開。尤列前往日本，呂則返回香港。臨離開天津前，溫德澤知尤列盤川用盡，再予他五百元，呂則從這五百元中取去一百一十元作路費，餘款則留尤列赴日之用。[13] 尤列此次得以脱身，可算是出路遇貴人。另外，尤列這一經歷，再次反映中和堂成員不少，遍佈各地。

客居神戶

有學者謂尤列在東廠胡同軍人俱樂部榮祿（1836－1903）舊宅住了三年，[14] 似是想當然耳。尤列在《四書章節便覽》的自序便稱「鄙人東渡者屢矣，而此次自甲寅（按，1914 年）至今，一住六稔」，[15] 是最有力的證據，可證其誤。尤列在日生活清苦不堪，「他那時窮困

---

13 〈尤列與袁世凱往還經過〉。
14 《孫中山：從鴉片戰爭到辛亥革命》，頁 414。
15 《四書章節便覽》，〈自敘〉，頁 2。

的程度，是難以形容的，常常窮得不能舉火」，幸得當地華僑的及時接濟，才不至捱餓。[16]

在日本的時候，尤列住在關西。他居於兵庫縣神戶諏訪山金星台下鉢華堂上一間名為「半山樓」的房子，該樓有三廂，南廂為講學之室，中廂為客座，北廂為飲酒讀書休息之所。他過着頗貧窮的生活，稱自己為「寠人」。尤列旅居日本，身無長物，只有「陳舊不完大小書籍數百種」。尤列家的壁龕則在北廂的西北隅。尤列善用這一空間，「常設裯褥，取書而觀，尋便就臥，罷輒艱於起動」，「性既嗜酒，裯褥之旁，即備爐具，孅書臥飲。每飲至濃，觀書愈多，讀之愈豪，手舞足蹈，薦而枕之，捲而懷之，捧而復拋之」。[17] 簡單來說，便是但求「就手」。這反映尤列不拘小節的性格。

諏訪山有神社、溫泉、公園等，環境相當清幽。金星台的命名則是有故事的。據說有法國觀星家在這裏觀測到金星，故名。[18] 因居所位處半山，尤列將之題為「半山樓」。

神戶是日本沿海通商要埠，和大阪府接壤。大阪工業貨品多由神戶出口。中國僑民居神戶者甚多，[19] 當地更設有同文學校，[20] 為華人子弟提供教育。1910 年代，不少中國知名人士或在神戶寓居和過境。反袁運動失敗後，柏文蔚（1876－1947）在 1913 年逃到神戶，化名高橋重次郎。[21] 1918 年 1 月，交通系領袖梁士詒（1869－1933）曾在神

16 〈名人生活：尤烈〉。

17 〈亂書堆說〉；《四書章節便覽》，〈自敍〉，頁 8。

18 鍋島直身編：《神戶名勝案內記》（神戶：日東館，1897 年），頁 77－80。

19 侯鴻鑑：〈神戶旅行筆記〉，《中華教育界》，1915 年，第 4 卷第 5 期，頁 1－3。

20 〈學界：長崎創設學堂橫濱之小學校神戶之同文學校皆華人所釀資創建組織〉，《之罘報》，1905 年，第 4 期，頁 17-18。

21 〈本報特電〉，《香港華字日報》，1913 年 9 月 12 日。

戶居停。[22] 7 月，岑春煊子岑德廣（1897 - ？）帶着妻子和幼弟到當地再轉往大阪學習海軍。[23] 11 月，唐紹儀由神戶乘安藝丸返國。[24]

尤列選擇居於神戶，可能有幾個原因。第一，他年青時曾在神戶居住，對這個地方熟悉且留下良好印象。加上神戶的異國風，[25] 與香港的英式風很相似，置身其中，不會有太大的陌生感。神戶有各式美點，[26] 對美食家尤列來說是相當吸引的。第二，或許是革命志士告訴尤列，那是一個很適合居住的地方，又或是他在當地早已有一些人脈，或許是親戚朋友，或許是中和堂兄弟。第三，當地廣東人較多，華人社區結構成熟。根據一份民初官方報告所述，在 1916 年至 1917 年間，神戶約有三千華商，「以廣幫為最多」，「就多數商人生活狀況言之，每年獲利之數，總倍於用錢以上也」，[27] 證明當地粵商獲利甚豐。筆者相信正因如此，他們才有餘力接濟尤列。第四，當地以往同情革命的人比較多，尤列較易找到知音。事實上，在晚清時代，神戶曾是「革命軍財政之總機關」，[28] 而且在武昌起義成功之後，大量神戶歸僑投入革命軍陣營，甚至當地裁縫、活版印刷工人、理髮師等也踴躍回國，可見各人的愛國熱忱。[29]

尤列雖然不是國民黨員，但他革命年資深、輩份高，既是孫中山最早的革命伙伴，又是中和堂的開山祖，再加上中國人深受「四海之

22 〈國外近電〉，《時報》，1918 年 1 月 15 日。

23 〈本報特電〉，《香港華字日報》，1918 年 7 月 31 日。

24 〈本報特電〉，《香港華字日報》，1918 年 11 月 20 日。

25 神戶市立博物館編：《古代から現代へ KOBE 歷史の旅 神戶市立博物館歷史展示ガイド》（神戶：神戶新聞總合出版センター，2019 年），頁 67 - 79。

26 《古代から現代へ KOBE 歷史の旅 神戶市立博物館歷史展示ガイド》，頁 86。

27 稽鏡：〈神戶華僑之經商情形（六年春季報告）（附表）〉，《農商公報》，1918 年第 4 卷第 10 期，〈報告門〉，頁 13 - 25。

28 〈譯電〉，《時報》，1911 年 10 月 30 日。

29 〈神戶華僑歸投革命軍之踴躍〉，《新聞報》，1911 年 12 月 4 日。

內皆兄弟」思想的影響，尤列在日生活縱然清苦，但三餐總算不缺。

在日本，尤列仍憂懷國事。雖然他不願與袁世凱為伍，但為着中國的存亡，1914 年 8 月 10 日，特地從神戶發電，談他對時局的看法，希望當道警醒：

> 袁大總統、黎副總統暨徐國務卿、各部總次長、參政、平政院鈞鑒：歐戰全洲，金融滯絕。亞東大陸，風雲自起。兼攻取侮，乘便紛來。大至分崩，小亦割讓。民國安危，間不容髮。即曰中立，仍同俎肉。日露戰爭，前車可鑒。亟復自治，重整國會。速定憲法，先壯民氣。鞏固根本，或可救援。否則淪亡，誰任其咎。列處海外，見聞較確，事關大局，不敢不言。謹聞。尤〔尤〕列叩。蒸。[30]

尤列這篇電文，四字一句，行文洗練，讀起來鏗鏘有力，可證尤古文根柢深厚。他在文中指出，歐戰爆發後，世界風雲變色，中國不可能獨善其身。所以他以在野之身，呼籲中國政府早日行憲圖強。這亦是當時許多有識之士的想法，可惜袁世凱早已蓄意恢復帝制，尤列的善良忠告，最終難逃擱在一旁的命運。

袁世凱是一代權臣，老謀深算，對帝位一直虎視眈眈，共和政制對他來說毫無意義。孫中山等察覺袁世凱陰謀日顯，故起兵討袁，是為二次革命。不過反袁勢力薄弱，旋被袁世凱一舉擊敗。

尤列自天津出走之後，曾將袁世凱帝制自謀一事，密告遠在雲南

---

30 《北洋政府外交部》，〈請壯民氣以固根本由〉，中央研究院近代史研究所檔案館藏，館藏號 03-36-001-01-107。從前的人拍電報以韻目代日，「蒸」即 10 日之意。

的蔡鍔，請他注意，同時號召國內革命志士起兵反袁。尤列暗中聯絡
中和堂同仁，奮起救國，籌組中和救世軍抗衡。二次革命雖失敗，但
反袁之志猶在。1914 年，漢口革命志士舉行反袁示威。湖北督軍王占
元（1861－1934）認為尤列在幕後操縱，遂發電通緝尤列和馮自由等
人。後張勳（1854－1923）部隊在津浦路徐州車站檢查過客，搜得一
人，在該人袋中發現蔡鍔與尤列及各方通訊，硬指尤列有份參與，然
後報告張勳。張勳電商王占元，隨即將該人就地正法。[31]

　　早在 1915 年 8 月，梁啟超眼見袁氏稱帝野心昭然若揭，發表鴻
文〈異哉所謂國體問題者〉，駁籌安會勸進袁世凱稱帝。1915 年 12
月 12 日，袁世凱稱帝，惟帝制早已不得民心，各方英雄豪傑再次披
甲上陣。蔡鍔與李烈鈞（1882－1946）等組護國軍，起兵討袁。中和
堂成員關仁甫將軍的護國第五軍兼東路總指揮亦在廣東起事，與龍濟
光在惠州、博羅、東莞、增城一帶等地激戰。袁世凱下令免去蔡鍔和
李烈鈞之職。袁又命曹錕（1862－1938）、張敬堯（1881－1933）帶
兵入四川，馬繼曾堵湘西，龍觀光（1863－1917）由廣東入雲南圍
攻。蔡鍔與曹錕、張敬堯大戰，敗之，雲貴軍亦一路推進。地方軍人
陸榮廷（1859－1928）和劉顯世（1870－1927）與護國軍早已有聯
絡，先後響應反袁。各地反袁勢力如岩漿噴發，一發不可收拾，袁知
道眾怒難犯，只好宣佈取消帝制，[32] 未幾因尿毒惡化而逝世。袁世凱
死後，中國政局再陷亂局。

　　國內兵禍未止，反觀居日的尤列，生活卻是平和閒適，是他一生
中少有的安逸時光。他常走訪東洋各處名勝和聞人故居，根據《小園
詩存》所載詩文，尤列活動範圍主要是京都、大阪、神戶等地，偶爾

31　《尤列事略》，頁 84。
32　《尤列事略》，頁 84－85。

也會到東京。[33]

　　他與塾中諸生遊覽神戶須磨，歸途有感：

　　　　來時何快去時寒，冷暖人情一樣看。為語櫻花雖薄命，剎那猶幸悟天難。[34]

　　這首詩明顯是感懷，尢列談到人情冷暖。另外，「剎那」、「悟」都是佛家語，可證他對佛典也有研究。

　　他又曾到訪神戶的摩耶山賞櫻：

　　　　豈為觀櫻返舊遊，櫻開旋落信添愁。崑岡故國行將火，巖壑他鄉幸有舟。
　　　　不遇暫教悲董馬，絕交爭怕說朱劉。騷壇韻事今何似，饒我相思夢未休。[35]

　　此詩是寫給神奈川詩社的東風君和海客君等。[36] 根據《小園詩存》所錄其他相關詩文，東風君全名池原東風；[37] 海客君則為黃海客，[38] 可能是別號。池原東風，日本長崎人。父池原日南，是畫家。[39] 尢列很

33　尢列一生賦詩甚多，《小園詩存》所收只是其中一小部分。另外尢列只間中註明作詩的時間，故引用時只根據主題而非時序。

34　〈與塾中諸子遊須磨觀櫻歸途作〉，《小園詩集》，收於《尢列集》，頁 266。

35　〈摩耶山下寓齋對櫻書感，寄東神奈川詩社東風、海客諸君子〉，《小園詩集》，收於《尢列集》，頁 276。

36　〈摩耶山下寓齋對櫻書感，寄東神奈川詩社東風、海客諸君子〉。

37　〈雨夜懷池原東風君〉，《小園詩集》，收於《尢列集》，頁 275。

38　〈與黃海客遊三溪園題壁〉，《小園詩集》，收於《尢列集》，頁 275。

39　富本北嶺編：《日本書畫名家全書》（上）（大阪：矢島誠進堂，1911 年），頁 3；《醫文學》，1936 年，頁 30。

喜歡賦詩，以文會友，在日本認識許多漢詩作家，彼此成為了好友。
雖然尤不諳日文，但一則有漢詩作為共同語言，二則漢詩作家有些能
操華語，三則即使不能說中文也可以筆談，所以還是能溝通的。

　　他又曾與友人黃海客到訪橫濱市本牧的三溪園。該園建於 1906
年，面積約六萬坪，一半是公園，為原富太郎所有，對外開放。[40] 尤
列曾到此一遊，盛譽三溪園景色怡人：

　　　　有約尋芳遍野扉，每成詩句便留題。櫻花三月溪園
　　路，暮色蒼茫未忍歸。[41]

　　詩中提到「櫻花三月溪園路」，將「三溪園」嵌進詩句。尤列此
行是為了賞櫻，而且沿途景致優美，令他與友人流連忘返。他喜歡詩
意的美景，在日本生活時，「賞櫻花之落韻，餐楓葉之鮮姿」，[42] 常常
沉醉在大自然的景致當中。

　　尤列與池原東風較親近，《小園詩存》收錄了一些尤列為池原所
寫的詩。其中一首如下：

　　　　聽雨思良友，愁來滿客邊。燭生知己感，床暝故人聯。
　　　　丘跖皆傷性，柳夷都可仙。何時共樽酒，喪我一參玄。[43]

　　尤列以「良友」稱呼池原。最後二句十分直白，就是如果池原和

40　德富猪一郎（1863–1957）：《野史亭獨語》（東京：民友社，1926 年），頁 345。
41　〈與黃海客遊三溪園題壁〉。
42　《四書章節便覽》，〈自敘〉，頁 2。
43　〈雨夜懷池原東風君〉。

日本神戶摩耶山
圖片來源：尤迪桓、尤曾家麗拍攝照片

他飲酒，他可以不去參禪了。

另一首談重遇池原的喜悅和不能赴約的悵惆：

> 近來身世又披簑，欲晤先生喜若何。豈謂文壇多沈
> 約，偏教禪榻病維摩。
> 萍蹤海上三年認，雪爪天涯萬里跎。我亦淮南舊雞
> 犬，遙瞻仙隊寄新歌。[44]

---

44 〈橫濱重晤池原東風君，翌日以東神奈川雅集見邀，予病不行，甚自傷感，作詩謝之〉，
《小園詩集》，收於《尤列集》，頁 277。

尤列與池原相當投契，且很看重池原，以南朝文學家、史學家沈約（441－513）視之。「偏教禪榻病維摩」一句，顯示尤列思想中有濃厚佛家色彩。「萍蹤海上三年認」一句，或許是比喻，但亦有可能是指這首詩成於 1916 年或 1917 年之間。

他亦常有所感，時有詩作。某日尤列收到蠶隱君從香港寄來的信，收信時剛好在半山樓飲酒賞雪，詩興忽至，「對之酹酒以慰，率成五章」：

（一）漫天風雪峭春寒，濁酒聊揮帶醉看。報道故人書忽至，發函珍重暖盈翰。

（二）一別迢迢二十年，嗟予飄泊隔山川。故鄉風月當時事，閒憶珠江最黯然。

（三）男兒去國尋常見，慚愧年來太病愁。試誦漁洋舊詩句，濃春詩景似殘秋。

（四）楓初紅綻柳芽黃，雪裏離披感鬢霜。可有此心同萬里，努崇明德矢張皇。

（五）騷壇猶是老吟身，快雪平生自可親。獨有一樽難遠寄，借教神合潑微塵。[45]

「蠶隱君」生平無可考。這一首詩內容淺白，寫的是鄉愁和感懷。

尤列亦曾踏足東京，為此他曾賦詩：

雨過蘿苔色倍鮮，飛行彌望綠如天。長川汗漫連平

45　〈半山樓賞雪，蠶隱君由香江寄書，適至，對之酹酒以慰，率成五章〉，《小園詩集》，收於《尤列集》，頁 272－273。

沼，化日清和似舊年。

　　樂有居停為客久，恨無歸約在春先。帝都目下光千

丈，猶寄漁樵思悄然。[46]

　　「樂有居停為客久，恨無歸約在春先」二句，反映尢列居日時生活較安定。「帝都目下光千丈」則指當時的東京十分繁榮。

　　尢列喜歡讀書，在日本期間，當然有光顧當地的書店。他曾到神戶三宮舊書攤訪書。[47] 他對日本漢學研究甚留意，曾盛譽日本漢學權威服部宇之吉（1867－1939）的《四書》研究，謂「其文博洽，燦然可觀」。[48] 尢列居日甚久，謂「鄙人東渡者屢矣」，由 1914 年起至 1920 年，一住六年，常訪書肆，購入不少書籍，「客窗無事，優遊披讀矣」。[49]

　　除了讀書和出遊，尢列在神戶結識了不少朋友。他交遊廣闊，當地一些華商是他的友人，其中一位為杜貫之。有關杜的生平，我們所知不多。他是神戶蠶業公所、神戶華商公會成員，亦是神戶同文學校值理代表。1913 年，他是共和黨留日神戶部文牘科幹事。[50]

<hr>

46　〈汽車將抵東京，望東神奈川有作〉，《小園詩集》，收於《尢列集》，頁 277。

47　〈致友人論學函〉。

48　《孔教革命》，頁 178。按，服部宇之吉字隨軒，是明治、昭和時期日本的中國學權威之一，生於日本福島縣。1890 年東京帝國大學文科大學哲學科卒業，歷任文部大臣秘書官、文部省參事官、高等師範學校教授、東京帝國大學文科大學教授、東方文化學院理事長、東方文化學院東京研究所所長等職。1902 年獲文學博士。主要研究範疇為儒家倫理思想和古代禮制。代表作包括《清國通考》、《北京籠城日記》、《（新修）東洋倫理綱要》、《孔子教大義》、《儒教倫理概論》等。生平詳見《日本近現代人名辭典》，頁 832。尢列常常強調倫理救國，而服部宇之吉是研究中國倫理思想的權威，這便解釋何以尢列如此欣賞服部宇之吉了。

49　《四書章節便覽》，〈自敘〉，頁 2－4。

50　〈本黨消息：共和黨留日神戶分部本屆職員一覽〉，《讜報》，1913 年，第 2 期，〈本黨消息〉，頁 5；〈吳錦堂壽辰詳誌〉，《中國實業雜誌》，1914 年，第 5 卷第 12 期，〈近事〉，頁 6。

其中一首是賀杜貫之女兒出閣之喜：

> 千年閨秀欲誰誇，詠絮才華說謝家。我道少陵有詩
> 裔，春風三月詠桃花。[51]

尤列謂「少陵有詩裔」，因為杜貫之與杜甫（712-770，字少陵）
都姓杜，是同姓，且杜貫之也喜歡寫詩。[52] 杜在共和黨留日神戶部任
司理文書，似乎是個能文又能商的人。

另一首是尤列為杜貫之賀壽：

> 敝裘縮瑟盛筵邊，頌祝崗陵雪滿天。猶有淒涼蜀歌
> 舞，獨持春酒故人前。[53]

詩云「雪滿天」，應該是寫於下雪的日子。

李崝琴是尤列認識的另一位神戶華商，且更是其門人。李崝琴所
撰〈尤〔尢〕列略歷〉，為有關尤列最早的傳記之一。[54] 他是神戶華僑
商業研究會會員，在當地生活了頗長時間。[55] 在 1913 年中國國民黨神
戶交通部職員名錄中，已見其名；當時是調查主任幹事。[56] 同年 3 月
13 日，孫中山訪日到神戶時，他有出席國民黨神戶支部歡迎會，並有

---

51 〈贈杜貫之女公子于歸〉，《小園詩集》，收於《尤列集》，頁 279。

52 杜貫之：〈登神戶摩耶山〉，《謙報》，1913 年，第 4 期，〈藝譚〉，頁 2。

53 〈杜公貫之生朝，首倡數言以獻〉，《小園詩集》，收於《尤列集》，頁 279。

54 門人李崝琴述：〈尤列略歷〉，《時報》，1925 年 10 月 3 日；門人李崝琴述：〈尤列略歷〉
（續），《時報》，1925 年 10 月 4 日。

55 〈神戶華僑之愛國〉，《民國日報》，1918 年 6 月 25 日。

56 〈黨員錄：中國國民黨神戶交通部職員名表〉，《國民雜誌》，1913 年，第 1 期，頁
130-131。

攝影留念。[57] 李嶧琴熱心中國事務。1918 年 6 月曾協助救國團籌款。[58]

編纂《四書章節便覽》

尤列留居神戶時，潛研學問，學殖未有荒廢。他在門人盧廉的協助下，編成《四書章節便覽》一書。這位門人生平未詳，然而書的最後一頁有一句謂「門下士香山盧廉校」，[59] 故知道他是香山人。尤列說「任謄校諸務之勞者，同學盧生子讓」，[60] 這個盧子讓即盧廉無疑。盧可能在日本生活了一段時間，《四書章節便覽》的和文訓讀部分[61] 或由他所加。該書「經始於丙辰之春，告竣於戊午之冬，先後三年」，[62] 即《四書章節便覽》自 1916 年春開始編纂，1918 年冬完成，惟遲至 1920 年才出版，版權頁編輯印刷兼發行者一欄，尤列署「順德尤列」，頁頂印有「書成之日，日月合璧，五星聯珠」，[63] 所填地址為神戶市榮町一丁目三十九號萬生堂，發行所也是萬生堂，地址亦是一

57　品川仁三郎編：《孫文先生東游紀念寫真帖》（神戶：日華新報社，1913 年），〈中華國民黨神戶支部歡迎紀念撮影〉，無頁數。

58　《神戶華僑商業研究會季報》，1917 年，第 7 期，〈致哀錄〉，頁 100。

59　《四書章節便覽》，頁 94。

60　《四書章節便覽》，〈自敘〉，頁 7。

61　《四書章節便覽》，〈自敘〉，頁 6–7。

62　《四書章節便覽》，〈自敘〉，頁 7。

63　尤列力辟讖緯之學，謂「西漢之末，圖讖學起，河洛七緯，本屬不經」（《孔教革命》，頁 184），但其思想中頗有神秘主義色彩，卻又是事實。

樣。[64] 該店是神戶一家由華僑開設的藥材店。[65] 考慮到尤列精通醫理，曾在新加坡懸壺濟世，神戶亦有相當數量的華人居住，生病時多看中醫，那麼他在這中藥店任「掛單」醫師，收取一些診金以維持生計，也是有可能的。榮町（Sakaemachi）則是一個頗繁榮的商業區，一町目至六町目有許多銀行、公司和貿易商；不少華商在榮町開設店舖。[66]

《四書章節便覽》其實是尤列校定的《四書》白文。[67]《四書》歷代版本多的是，何以尤列要編此書呢？

他認為，要將以往治經學者的謬誤指出來，「為一己工作計，非自先行熟讀《四書》白文始不可」。[68] 他在《四書章節便覽》自敘道出編纂此書之旨：

> 順德尤〔尢〕列編《四書章節便覽》成，將欲刻之，或過觀而問之曰：「異哉！子之編是書也，不過冠章于首，註節于旁，次則撮題篇側而止，餘無所謂著作也。白文等耳，坊間讀本正多，不已贅乎，何為編之而刻之也？」尤〔尢〕列悄然動容，起立而對曰：「蹉乎！吾非不知其然，然而編之刻之者，不在乎書，而在乎法。不在乎書者，借書以立法已耳；在乎法者，即欲以是法而

64　《四書章節便覽》，版權頁。

65　Wong Kin (compiled)（黃金編）：*International Chinese Business Directory of the World*（《萬國寄信便覽》）(San Francisco: International Chinese Business Directory Co., Inc., 1913), p. 990. 根據此書記載，萬生堂至少在 1913 年時已在神戶經營，是藥材店，英文地址為 "Man Sang Tong, 39 Lakaimachi [Sakaemachi] 1 Chrome"。另參鴻山俊雄：《神戶大阪の華僑——在日華僑百年史》（神戶：華僑問題研究所，1979 年），頁 195、213；羅晃潮：《扶桑覓僑踪》（廣州：暨南大學出版社，1994 年），頁 86。

66　《神戶名勝案內記》，頁 38。

67　《四書章節便覽》，〈自敘〉，頁 1。

68　《孔教革命》，頁 179。

為我永永贈答朋友之物，以求一當焉，是以編之而刻之也。」[69]

尤列在日本居住期間，曾到訪東西二京的書肆，發現當地儒佛漢文叢書齊全，編校優良，用紙講究，印工精細，可說是「比戶爭妍，各擅其勝，其朝氣光融，一躍千丈」。看到鄰邦在中國學方面成就燦然，相比之下，尤列更覺中國要急起直追，「揆我文化已衰之國，不覺赧面而汗背然」。[70]

或許尤列受了這一刺激，遂發奮編輯這部《四書章節便覽》。表面上，他稱這是當作饋謝朋友之物。他指的「朋友」，狹義是指日本諸友，寬義乃指日本全國。筆者相信，他視《四書章節便覽》為饋贈東邦之禮，同時亦有向日本展示中國文化力量之大、影響力之深、生命力之強，有很多方面值得日本學習借鑑之意。

尤列在《四書章節便覽》的〈自敘〉又云：

我已得購多種，客窗無事，優游披讀矣。久而久之，覺我之所謂永永贈答朋友之物，已在其中，正不必捨此而他求也。思之思之，鬼神告知；其物維何，則有如是書之便覽法是也。抑贈人之道，又不可不深究也。毅然贈之矣，苟其物為人家國中所多有者，又何需此之一贈？所謂數見不鮮也。毅然贈之，必其物為人家國中所少有者，方稱難能而可貴夫，然後謂之以德報德也。[71]

---

69 《四書章節便覽》，〈自敘〉，頁1。
70 《四書章節便覽》，〈自敘〉，頁4。
71 《四書章節便覽》，〈自敘〉，頁4-5。

雖云「謝禮」，但尤列在字裏行間對《四書》流露出強烈的文化自信，因此他編纂《四書章節便覽》，事實上是懷着爭雄競勝之心，向日本文化界展現何以孔學能千秋不朽、永為世範。

尤列深信《四書章節便覽》能夠成為教學範本，他指出：「此便覽法亦至簡單者耳，然而師生授受、講學集會之場合，講者聲稱某章某節，聽者開卷即得矣。」[72] 可見尤列編纂此書時，是希望此書能普及。他知道孔學有永恆的價值，所以願意以一生之力，努力傳揚。

留日期間，尤列貧窮如故。為出版《四書章節便覽》一書，更向梁允升貸款日幣五百圓，以為印刷費用，並立下借據：

> 今因印刷《四書章節便覽》急用，蒙梁允升君貸來日金伍百大圓。此款訂明准於本年八月底以前如數清還，毋得拖欠。恐口無憑，立此為據。中華民國八年四月二十八日尤列的筆。[73]

這一借據說明，1919 年春《四書章節便覽》已經整理就緒；萬事俱備，僅欠印費而已。幸得有心人慨借款項，此書方有付梓問世之日。尤列對國民黨一向頗有意見，未有列名黨籍，而橫濱黨人或介意尤列以中和堂人自居，故視其為陌路人，明知他生活困苦，也拒絕施予援手。因此尤列賦閒神戶多年，甚少與橫濱黨人來往，貸款亦是向他人商借。[74]

72　《四書章節便覽》，〈自敘〉，頁 5。
73　借據收於《尤列集》，頁 50。
74　〈尤列先生年譜〉，收於《尤列集》，頁 305。

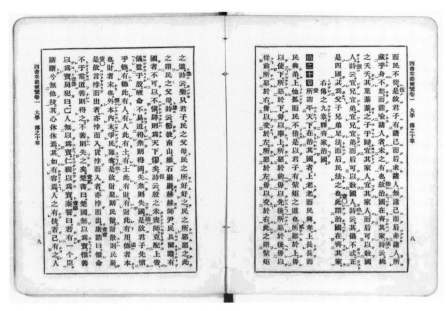

《四書章節便覽》內文
圖片來源：尤列編：《四書章節便覽》（神戶：萬生堂，1920年），頁8－9。日本
國立國會圖書館藏。

　　尤列留日其間，孫中山亦曾有一段時間身在日本，[75] 但兩人沒有
見面。他後來在祭孫中山文中謂「僅一相見，頓成永訣」，[76] 是指在文
瀾閣的事。

文瀾再會

　　1920年末孫中山南下護法，未幾在廣州召開非常會議，及在粵

75　《孫中山年譜長編》，上冊，頁869、990。
76　《尤列事略》，頁97。

秀山督軍署原址設總統府。孫憶及舊友「四大寇」，遂在 1921 年派人邀楊鶴齡和尤列來。據說楊先到，但尤最初持觀望態度，未肯立即前往。[77] 孫再派人說服尤列就道，謂：「爾我故交，人所知也。向有大事，子必與聞。今國事飄搖，子安忍使余獨肩患難耶？」[78] 尤列終被孫中山的誠意打動，所以還是去了。

尤列獲聘為總統府顧問。孫中山出資，命許崇智（1887－1965）將粵秀樓側的文瀾閣，修繕以為「四大寇」聚會之所。[79] 尤列平素留心時局發展，遂將自己的見解盡告孫中山，其中包括：聯省自治、實行孔教、推崇倫理、明定學級、集權國會、全民組閣、模範金貨、公開鑛務、改革海軍、開闢虎門、廣設船廠、改革外交、廢除煩苛、減輕賦稅。[80] 此十四點立論雖好，但孫中山在粵實力薄弱，偏安一隅，尤列也知道廣東是孫中山「所遺留之絕無僅有之地盤」。[81] 既是如此，一切皆無可談，而且聯省自治等主張亦非孫中山所樂聞。

尤列在文瀾閣未能安居下來。一則他早已「別有疑慮」，[82] 或許察覺孫中山在粵勢孤力單，難有作為。二則人事上亦覺不諧和。有說「連日某某等報復，多攻擊尤〔尤〕氏之詞」，「尤〔尤〕已覺廣州不易居」，「會總統府某君復往晤尤烈〔尤列〕，卒然以大總統是否有殺人權為問，益令尤〔尤〕墮五里霧中，莫知其妙」。尤列覺廣州情況複雜，再待下去也沒有意思，「遂託詞出街購書搭夜輪離省」。[83]

77　一葉：〈革命珍聞〉，《奮報》，1939 年 8 月 26 日；《尤列事略》，頁 86。
78　《尤列事略》，頁 86－87。
79　〈革命珍聞〉；《尤列事略》，頁 86－87。
80　《尤列事略》，頁 87。
81　〈對時局之宣言〉。
82　〈順德尤列先生事畧〉，頁 9 上。
83　〈尤烈離省之經過〉，《香港華字日報》，1921 年 10 月 9 日。

這個「總統府某君」應是指胡漢民。[84] 胡對尤列向不恭敬，曾批評他「蓋一不能篤信主義者」。[85] 胡當是指尤不服膺國民黨。但以尤列特立獨行的性格，除了他視為生命真諦的孔道之外，恐怕不會信奉任何主義。論革命年資，胡漢民是尤列後輩，然孫中山對之十分信任。胡漢民舊學根柢深厚，諳日文，處事能力強，但正如傅秉常（1896－1965）所言，胡的缺點是說話尖酸、喜批評，性格較刻忌，嘲笑國民政府外交部只懂外文，將外交部戲稱為「外文部」。[86]

尤列返港後，各革命元老對胡漢民此舉均表不滿。各人準備與尤列一同到廣州會晤孫中山，為尤討回公道。尤列平心靜氣向各人解釋，認為不必多此一舉。他以中和之義曉諭眾人，謂自己不欲與人爭衡。[87]

也許尤列沒有想到，這一次與孫中山見面，竟是一別永訣。

定居香港

尤列未幾返港，1922 年至 1925 年間傾盡心力研究和傳揚孔道。[88] 1925 年春，尤列之名再為世人所注意。

3 月孫中山病逝於北京。孫在政治上鬱鬱不得志多年，一直被各方排擠，且沒有自己的軍隊，壯志難伸。他與地方軍閥離離合合，因為沒有軍隊，只能依賴客軍，而客軍又僅向錢看，對孫本人難言忠誠。1922 年孫中山更與廣東軍閥陳炯明決裂，被陳的手下炮打總統

84　《尤列事略》，頁 87。

85　劉學愷：〈四大寇珍聞〉，《劍聲》，1932 年，第 1 卷第 1 期，頁 116。

86　郭廷以校閱；沈雲龍訪問；謝文孫紀錄：《傅秉常先生訪問紀錄》（台北：中央研究院近代史研究所，1993 年），頁 132、151。

87　《尤列事略》，頁 87。

88　《中國中和黨總理尤列革命年表》，頁 34－35。

府，將之驅逐。後來孫中山捲土重來，1923 年更曾到訪香港大學，一度與港英政府關係略為改善。[89] 不過民初國人對孫中山印象不佳，有些人更嘲笑他為「孫大炮」。[90] 另外，孫為了酬庸和維持政治體面，濫設許多有銜無權的職位。[91] 加上在孫派管治下，廣東治安甚差，地方時受劫掠。著名金文學者容庚（1894－1983）1925 年春收到寄自東莞的家信，謂「福軍〔按，李福林（1872－1952）部〕入東莞城，吾家被搶，內子與九妹損失首飾、衣服等物尤多」。[92] 孫中山逝世後，容庚作了一副輓聯，前半部肯定孫的貢獻，謂「革命雖未成，公之精神滿天下」，然而後半部則似是批評，謂「苛政亦云猛，我所憂思在故鄉」。[93]

孫中山自 1923 年起採聯俄容共之策，雖然軍事力量有所提升，但與商人關係弄得很糟，1923 年「雙十」，「衙署均慶鬧，惟商人寂然」。[94] 1924 年 10 月，廣州商團事件爆發，「商團將政府發還槍起卸，適雙十各界巡行隊到西濠，商團放槍，傷人無算，死數十人，且斃工團軍一名。」[95] 這當然有可能是反孫勢力策動的，但廣州商人對他深惡痛絕，也是鐵一般的事實。

1924 年底，孫中山已覺身體欠妥。李仙根往天津謁見孫中山，見其「臥病未起，形神衰減，大不如前」，「叩候數語，日醫小簡勇來視

89　Gilbert F. L. Chan, "An Alternative to Kuomintang—Communist Collaboration: Sun Yatsen and Hong Kong, January-June 1923," *Modern Asian Studies*, 13: 1 (1979), pp. 127-139.

90　〈粵中近訊莫榮新不忘攻闈孫大炮又將圖浙〉，《大公報》（天津），1918 年 1 月 18 日。

91　黃振威：《傅秉常傳：從香港大學到莫斯科中國大使館》（香港：中華書局，2018 年），頁 140－141。

92　容庚原著，夏和順整理：《容庚北平日記》（北京：中華書局，2019 年），1925 年 2 月 17 日，頁 12。

93　《容庚北平日記》，1925 年 3 月 18 日條，頁 16。這副輓聯可能是讀報有感，又或是得悉孫中山出殯而寫，只記在日記當中，沒有公開。

94　〈李仙根日記〉，1923 年 10 月 10 日，收於《李仙根日記·詩集》，頁 46。

95　〈李仙根日記〉，1924 年 10 月 10 日，收於《李仙根日記·詩集》，頁 66。

疾」。[96] 12 月孫在日本與黑龍會創辦人頭山滿（1855－1944）等會面合照時，已是滿臉病容。嗣後孫中山向頭山滿夫婦贈送自己與宋慶齡（1893－1981）的合照，更需由宋代筆。[97] 1925 年初，經手術後發現孫患了肝癌，且已是末期，病情一直急轉直下。2 月 17 日，「醫生告總理以病無希望」，[98] 藥石罔效，3 月 12 日在北京病逝，享年五十有九。尤列「聞耗，泫然流涕曰：『良友既沒〔歿〕，肩一國之重者誰耶？』」[99] 彼此雖早已疏遠，摯友情誼卻常在心間，尤列回首二人的前塵往事，不禁悲從中來。

有說孫在遺囑中，推舉尤列繼任國民黨總理。當時報紙記載「尤烈〔尤列〕向為商人，經營爪哇糖業，目下隱居香港。他於政界向無聲響云」。[100] 這一記載不盡正確，隱居香港是事實，惟經營糖業則非。更有人謠傳他是華僑富商、致公堂首領……[101] 尤列生活低調，在一般人眼中，是謎一樣的人物，因此衍生出許多以訛傳訛、啼笑皆非的描述。

真實的尤列生活清苦，幸常有好心人予以接濟，才能勉強維持。

《南華早報》曾派員訪問尤列，向他探詢孫中山請他繼任國民黨總理一事，是否屬實。尤回答說，自己從中文報紙看到這一消息，謂「孫於繼任人物，述及余名，不足為異」，「因余與孫友誼甚篤，此電必奉孫命而傳布，蓋電文所指革命事業之開始進行，知之者固甚少也」。惟尤列表示正埋首著述，要再過幾個月才能完成，然而最大原因是「君亦知余方處不能就任之地位」，故不願擔任這一工作。訪員

---

96 〈李仙根日記〉，1924 年 12 月 25 日，收於《李仙根日記・詩集》，頁 70。

97 読売新聞西部本社編：《大アジア燃ゆるまなざし：頭山滿と玄洋社》（福岡：海鳥社，2001 年），頁 59－60。

98 〈李仙根日記〉，1925 年 2 月 17 日，收於《李仙根日記・詩集》，頁 81。

99 〈順德尤列先生事畧〉，頁 9 下。

100 〈孫逸仙之遺囑〉，《東華報》，1925 年 3 月 21 日。

101 〈本報特電〉，《香港華字日報》，1925 年 3 月 10 日。

向尤道，救國遠較著書重要。尤謂「余方從於福國之事業，輓近道德衰微，宜將經書所載之政治要義，廣為傳播」，「欲求永久和平，當捨武力而用孔聖之遺教」。[102] 所説盡是推搪之言。尤列看清時勢，知道國民黨內部派系林立，不會有自己的空間，故以忙於著述為藉口。另外，談到對孫中山的看法，尤列謂孫「宗旨極好，毅力亦不可多得，惟辦事人材似乎不足耳」，[103] 是相當中肯的評價。尤列畢竟認識孫中山數十年，深知老友性格的優點和缺點。孫中山有毅力、有決心是事實，但用人欠眼光，也是事實。孫手下具雄才大略的人甚多，可是投機取巧的機會主義者亦復不少。[104] 而且當時國民黨左右派關係惡劣，[105] 尤列不願捲入漩渦當中，自找麻煩。

　　孫中山臨終前似未有道及尤列。機要秘書李仙根守候在孫中山病榻之旁，在孫最後的日子一直陪伴在側，又在日記中詳細記錄孫的一言一行。3 月 11 日，孫自知離死不遠，向各人道別，「又續囑夫人自珍重」、「又續屬〔囑〕之聲云救國、和平、奮鬥」、「又對孔等云與惡魔戰，現候天使接，並囑看待宋夫人」[106] 等，一直處於彌留狀態，神智半清不醒，意識有點模糊，時作囈語。3 月 12 日，孫在世最後兩語為 "Dearly"、「精衛」。[107] 李仙根親歷孫中山離世過程，如孫中山有提及尤，李的日記當不會漏記，所以孫中山請尤列繼任總理一説，是不能成立的。

---

102 〈尤烈之國民黨總理談〉，《香港華字日報》，1925 年 3 月 18 日。

103 〈尤烈之國民黨總理談〉。

104 有關孫中山的多元分析，可參 Martin C. Wilbur（韋慕庭，1908－1997）, *Sun Yat-Sen, Frustrated Patriot* (New York: Columbia University Press, 1976)。此書堪稱孫中山研究中的權威著作，從正反兩面深入剖析孫的一生。

105 安藤德器編譯：《汪精衛自叙伝》（東京：講談社，1940 年），〈汪精衛略年譜〉，頁 4。

106 〈李仙根日記〉，1925 年 3 月 11 日，收於《李仙根日記・詩集》，頁 86。

107 〈李仙根日記〉，1925 年 3 月 12 日，收於《李仙根日記・詩集》，頁 86－87。

1925 年 5 月，上海爆發工潮。30 日，上海學生因支援工潮示威，結果有示威者被租界的英巡捕開槍擊斃或槍傷，是為五卅慘案。南方的局面也不平靜。[108] 6 月中下旬，省港大罷工在香港和廣州爆發。6 月 23 日，更發生沙基慘案，「學生、工人巡行沙基，為美、法兵擊群眾，死數十人、傷數百人」。[109] 之後廣州陷入一片紛亂，時為英國殖民地的香港亦不能倖免。8 月 20 日，國民黨左派靈魂人物廖仲愷（1877－1925）在廣州遇刺身亡。[110] 廖之死眾說紛紜，可能是源於派系鬥爭，[111] 亦可能與省港大罷工有關。尤列為廖仲愷之死感到惋惜，亦為胡漢民受誣進而被放逐蘇聯感到不平，公開批評汪精衛「不謂漢民得罪，流竄窮荒，君殆自鳴排除異己，嫉惡如仇，列竊謂朋友之道，自此不堪問已！仲凱〔愷〕何以死，君寗不知之，而固罪歸一人，藉清肘腋，事雖巧而天下指而目之，抑拙耳」。[112] 尤列與胡漢民素有積怨，卻能在大是大非時不計私仇，仗義執言，謂汪藉廖仲愷被刺排除異己，指汪對誰殺死廖心知肚明，不應將罪責推在胡身上，雖然汪表面上幹得乾淨俐落，說到底還是有破綻的，天下人都能看清真相。

1920 年代尤列定居九龍旺角，以「著書自娛」。1925 年 9 月，北京有名流和政客等，有見廣州情況混亂，希望能得救助之法，故連日發電報促請尤列北上，共籌解決之法。故尤列於是年秋乘加拿大皇后輪船往上海。[113] 有說尤列這次赴滬，是為了華僑選舉事。10 月尾搭

108 〈李仙根日記〉，1925 年 5 月 27 日，收於《李仙根日記‧詩集》，頁 92。

109 〈李仙根日記〉，1925 年 6 月 23 日，收於《李仙根日記‧詩集》，頁 93。

110 汪精衛：〈廖仲愷先生傳略〉，《國民新聞副刊》，1928 年，〈廖仲愷先生逝世三周年紀念號〉，頁 2－4。

111 波多野乾一：《現代支那の政治と人物》（東京：改造社，1937 年），附錄，頁 473－477；《傅秉常先生訪問紀錄》，頁 117－118。

112 出自〈致汪精衛電〉，原文收錄在〈尤列針砭汪精衛蔣介石電〉，《時報》，1925 年 10 月 25 日。

113 〈尤烈北上〉，《東華報臨時增刊》，1925 年 10 月 31 日。

船返廣州。[114]

尤列雖從政壇退隱，但沒被人遺忘。1926 年香港西報《士蔑報》
（*The Hongkong Telegraph*）曾這樣描述他：

> 四十四年前，當尤列還是一個十七歲的青年人時，
> 他便投身革命。1887 年，他在香港認識孫中山醫生，
> 且說服他入黨。1894 年，尤列創立興中會，以把滿洲
> 人驅逐出中國為目標。幾年後，中和堂成立了。1911
> 年革命成功後，尤列從政壇退下來。[115]

當中史實雖有不少訛誤，但從字裏行間，可見尤列不平凡的人生。
他晚年反思革命，有極為透徹的理解。他謂：「夫革命毒藥也，
病已則藥停，不輕嘗試。且善用之足以救人，誤用之適足以殺人。古
之聖賢，非至萬不得已時，不行革命。」[116] 意思十分清楚明白，就是
革命可救人亦可殺人。尤列門人溫公良（約 1897 －？）[117] 回憶，常有
人向尤列稱頌他革命有功，尤均直接回答謂：「我輩功罪未定，何足
稱耶？」[118] 可見尤對革命，感到不安而非自豪。

尤列等一生為革命奔走，希望救萬民濟蒼生，可惜事與願違。清
政府是推翻了，太平盛世卻未有來臨，換來的是袁世凱稱帝、張勳復
辟、軍閥混戰、列強侵凌，中國陷入一片紛亂，各方交戰塗炭生靈。尤

---

114 〈尤烈有赴粵說〉，《時報》，1925 年 10 月 24 日。
115 "Mr. Yau Lit Emerges", *The Hong Kong Telegraph*, 12 May 1926.
116 〈對時局之宣言〉。
117 溫公良生年推斷根據〈孔聖堂董事溫公良六三壽辰徵詩〉，《華僑日報》，1960 年 10 月
    30 日。
118 〈憶述尤列先師言行〉。

人間到處有青山：四大寇之尤列傳

1925 年的尤列
圖片來源：《圖畫時報》，1925 年 10 月 4 日，第 207 期，無頁數。

尤列與眾人合照，攝於 1925 年。左起高伯棠、戈公振、程子儀、尤列、劉國勳、楊鳳吾、李崝琴。

圖片來源：《圖畫時報》，1925 年 10 月 4 日，第 207 期，無頁數。

列看在眼裏，內心痛苦不已，開始懷疑革命是否拯救中國的真正良藥。

事實上，尢列的思想是相當前衛的。他推崇孔道，看似保守，卻不泥於古。袁世凱稱帝時，尢列始終反對帝制。他所支持的是平民政治。或許因為看到中國在革命成功後沒有迎來康莊坦途，促使他大力推廣孔道重建秩序、凝聚社會的價值，希望社會藉此重回正軌。晚年的尢列更着重國人的心靈重建，所以他大力主張倫理救國。縱使可能被視為時代的落伍者，尢列依然下定決心去做。這與他年輕時投身革命拯救萬民那股信念，是別無二致的。

尢列孔道思想雜談

尢列那一代，或是稍後一輩的中國知識份子，很多都既治經學也涉政治。康有為和章太炎屬於前者，陳柱（1890－1944）等則是後者。[119] 康有為那種治經的方式，是與政治結合的。康自幼深受孔學的薰陶，後又受朱次琦（1807－1882）漢宋兼容的家法，遂成為他思想上的主脈，其後更博覽西書，雖有採擇其中要點，但都不過是印證其所既創的孔學思想系統。[120] 尢列雖與康有為的政治見解南轅北轍，但在治經方法上，路線明顯相近。經學是尢列那代人的生活語言，他們的思想模式與經學牢牢結合，是完全分不開的。

尢列一生，其實只抱二個宗旨、二個「救國」：一是革命救國，二是孔道救國。在南洋羈旅中，首設孔道講堂；在神戶寄寓時，則聚

---

119 墨生：〈悼陳柱尊先生〉，《鍛鍊》，1945 年，第 6 期，頁 23－26。

120 蕭公權（1897－1981）：《中國政治思想史》（台北：聯經出版事業公司，1982 年），下冊，頁 732。按，康有為不諳外語，所以他所看到的是西書譯本，或由門人代譯原文。

眾以論學；在定居香港後，乃設皇覺書院。

以下是皇覺書院的一幀小啟：

順德尤令季先生每星期日正午，講學於香港旺角廣
華道二號皇覺書院，院中客座甚廣，我僑胞有心研究國
粹者，不分畛域駕臨參聽，一律歡迎。院董梁硯田謹
啟。[121]

皇覺書院約在 1922 年至 1923 年間創辦。[122]《孔教革命》門人前
言則謂「同人等座下聽講者，四年於茲矣」，[123] 而《孔教革命》是在
1928 年出版的，那麼，大概自 1924 年起，尤列已開講這一課題了。

皇覺書院是尤列講學之所。從字面解，「皇覺」二字當然與「皇
道」有關。然而，尤列為講堂起名時，更有可能是取「旺角」的諧音
而為「皇覺」。[124] 尤列是一個很詼諧的人，喜歡用諧音，[125] 有時更會自
謔一番，稱自己「我係流民化的一個老物」。[126]

皇覺書院的聽眾甚多，「註名學籍者二百餘眾」。尤列是皇覺書院
院長，逢星期日正午公開演講，反應甚佳。[127]

尤列講學不始於香江，皇覺書院只是一葉堂孔道講堂和神戶講壇
的延續。綜觀他的一生，常以「豈有文章名海內，要留清白在人間」、

121 尤列：《孔教革命》（香港：天演齊衛生露總發行所，1928 年），〈梁硯田啟〉，無頁數。
　　此小啟未有收入《尤列集》的《孔教革命》中。
122《中國中和黨總理尤列革命年表》，頁 3–4。
123《孔教革命》，頁 173；《尤列事略》，頁 88–89。當然，亦有可能尤列應邀在其他地方
　　講課。
124 此據尤迪桓先生言。
125 另一例子是前述的「鉢華道人」，詳見第一章討論。
126〈尤列對於任反了的質問之答對〉，《香港華字日報》，1925 年 4 月 20 日。
127〈憶述尤列先師言行〉。

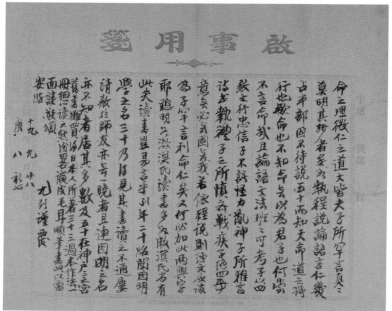

尤列致友人信函，寫在皇覺書院用箋上。
圖片來源：香港歷史博物館

「努力崇明德，皓首以為期」自勉，有感如果中國人不尊孔，則中國
自會失去民族精神，社會亦缺少了重心思想，[128] 故尤列一直以振興孔
學為己任。他將孔道與革命結合，認為孔道一日不興，革命一日不
成。[129]「《孔教革命》一書，乃皇覺書院門人筆述先生之教也」，[130] 所
以該書組織比較鬆散，更似是一本講義，當中談到許多零碎問題。門
人在前言謂：

> 先生憂患餘生，雖有著作，亦皆殘闕不全。今同人
> 等謀為表彰，於其自隨之亂書堆中，或文稿，或筆記，
> 或講義，並其撰未完篇之《四書心疏》等，凡有關於本
> 問題者，逐條謹擇，次其先後，或輯使若相聯屬，彙錄
> 成編，俾見大家之學，以共研究之。[131]

尤列前半生從事革命，過着「戎馬間關」[132] 的日子，生命時刻受
到威脅，往昔的零章散篇，留下來的已如鳳毛麟角。欲了解尤列的孔
道思想，現存的《孔教革命》是比較完整和重要的文本。

尤列尊崇的是最原始的孔子之教誨，看不起漢宋儒學。[133] 曾有一
友人送他一部梁漱溟（1893－1988）所著的《東西文化及其哲學》。
尤列認為此書「浩瀚無涯」，其作者定必是通曉因明學的論理學大家，
不過「為漢宋儒學說所囿者，亦時時有之」。[134]

128《尤列事略》，頁 88。
129《尤列事略》，頁 89。
130〈順德尤列先生事畧〉，頁 9 下。
131《孔教革命》，頁 175。
132〈亂書堆説〉。
133〈致友人論學函〉。
134〈致友人論學函〉。

《孔教革命》從書名看，似是有關孔教的著作，其實非也。尤列謂「孔教之名義，當認此『教』字為教育之教，切勿泥為宗教之教。若泥為宗教之教，則孔子一生之精神志氣，失卻本來面目，極不相宜」。[135] 他強調的，是孔子之教育。另外，尤列強調，孔學以「仁」為主體，「仁」可以分為倫理、教育、政治。他指出，孔學本於倫理的教育，進而成為仁者的政治。[136] 簡而言之，尤列肯定地說，孔子之學，即為仁學。[137]「仁」是最重要的。

尤列對《四書》評價極高，「可稱為東亞四千年之大寶典，世界萬萬年之大政綱」。[138] 他信古而不泥古，認為小學生如不讀經，會有很多流弊，但又指出在八股時代自小讀經「而不以為吏事」，亦是不堪設想。[139] 可見他將經書與實際生活結合，而非盲目好古。

現略述書中的一些要點如下：

第一，尤列認為《四書》比《六經》重要。正如前述，《四書》乃《六經》的關鍵。尤列認為，《六經》各有所長，然而聖人的微言大義，「不盡在《六經》而多在《四書》也」，雖然《春秋》重要，但聖人撥亂反正，不獨在《春秋》而在《四書》當中。尤列強調，《六經》是物件，《春秋》僅是《六經》其中一物，而《四書》是人。沒有人，物件便用不了。所以他的結論是「非《四書》則《六經》不為用也」。[140]

第二，強調孔子尊帝而非尊王，又強調孔子志在《虞書》而非志在《春秋》。[141]《虞書》是《尚書》的其中一部分，記載堯、舜等的事

135《孔教革命》，頁 177。
136《孔教革命》，頁 177。
137《孔教革命》，頁 181。
138《孔教革命》，頁 177。
139《孔教革命》，頁 178。
140《孔教革命》，頁 179。
141《孔教革命》，頁 177。

蹟。尤列強調孔子非志在《春秋》，《春秋》不是尊王之書，而是「長於治人之書」；慨歎人們只看到《春秋》，「由是《春秋》顯而《四書》晦」，《春秋》的光芒掩蓋了更重要的《四書》，「《四書》晦，而《六經》亦無用之物矣」，換句話說，就是《四書》不彰，《六經》也變無用之物了。[142]

尤列認為，「孔子志在《春秋》」是必需辯正的，引用這一句的人多的是，卻漸漸習非成是。《春秋》據說由孔子所作，因言語極簡略，暗藏一字褒貶之意，故出現了《公羊》、《穀梁》、《左傳》等註釋《春秋》的傳，是為《春秋三傳》。然後又有何休（129－182）著《春秋公羊經傳解詁》，杜預（222－285）著《春秋左氏經傳集解》，范甯（339－401）著《春秋穀梁傳集解》。到了唐代，孔穎達（574－648）疏《春秋左氏經傳集解》，徐彥著《春秋公羊傳注疏》，楊士勛著《春秋穀梁傳注疏》。[143] 可見解釋《春秋》的書非常多。

這還不止，尤列謂「中間先後，經師自命者，實繁有徒」，許多人各師各法，你一言我一語地解經，曲解古人意思，更甚者「不求經而求傳，不求傳而求注，不求注而求疏」，而且三家分立，一家一種說法，令人十分迷茫。所以「孔子志在《春秋》」變了以訛傳訛。[144]

事實上，《春秋》是被神聖化了。有謂孔子著「《春秋》以寄志」，[145] 但孔子不是史官，且他是述而不作的人，對《春秋》內容似乎沒有多少改正，只是沿襲魯史的原文。所謂裁定，不過是整齊篇幅，偶有所知，加上一些正名而已。因此，在《春秋》當中，「實不

142《孔教革命》，頁 180。

143《孔教革命》，頁 183－184。

144《孔教革命》，頁 184。

145 馬宗霍：《中國經學史》（台北：台灣商務印書館，1992 年），頁 13。

易求其義例之所在，尤其褒貶之方式」。[146] 尢列則認為不過是「據事直書而已」。[147] 他又指出，孔子「志在《春秋》」，「志」應理解為專注而非「寄志」。[148] 如果我們用現代的語言來解釋，就是 "focus" 之意，別無其他隱晦之處。而且尢列也承認孔子既不是史官，同時有詩書禮樂的修養，為人恬淡無欲，根本不用「容心於其間」、根本不用迂迴地將自己撥亂反正之思寄託在《春秋》當中。[149]

尢列認為歷代學者想得太多，最原始的理解是：

> 春秋之世，可謂亂矣。而亂之大者，莫甚乎妄自尊大，而妄自尊大者，莫甚乎列國之君。而列國之君者，莫甚乎自加爵號。生於其心，害於其事，發於其事，害於其政。既不輔佐周天子以復成康之治，又不能揮戈而起以效湯武之為。泄泄沓沓，惑人耳目，徒然擁此自加之爵號以為榮而不知恥，是不至家敗國亡不止也。孔子羞之，大書特書，王者王之，公者公之，侯者侯之，伯子男者，伯子男之，以《春秋》之法還之《春秋》，見公道在人心也。[150]

他認為孔子只是秉筆直書。不過，其實這一段有弦外之意，那就是談民國軍閥的專橫跋扈。中國軍閥名銜林林總總，例如孫傳芳（1885－1935）的「五省聯軍總司令」等，各人自命土皇帝，絕不放

---

146 魏應麒：《中國史學史》（上海：商務印書館，1947 年），頁 72。
147 《孔教革命》，頁 188。
148 《孔教革命》，頁 184。
149 《孔教革命》，頁 186。
150 《孔教革命》，頁 185。

當時的中央政府在眼內。軍閥之間各自為政，互相攻伐，似乎都應驗了尤列「自加爵號」、「不輔佐周天子以復成康之治」等語。

這一點正正引出《孔教革命》的核心——第三，亦是最重要的，強調平民政治、「公天下」的重要性。[151]《孔教革命》不是單純的經學研究，而是寄託了尤列對中國政治理想的願景。尤列認為孔子志在《虞書》，因為堯、舜是禪讓，又指孔子稱「帝堯」、「帝舜」，而禹僅稱「大禹」是「孔子之特筆」，故他肯定地說，「選舉而禪讓者帝，專制而傳子者為王，判若天淵，勢難侔合」。[152]

尤列認為禪讓至美。他清楚指出：

> 吾言孔子尊帝，志在《虞書》。帝者何？今之大總
> 統是矣。唐虞者何？今之民國是矣。然則堯舜者何？今
> 之曾任大總統者之諸公是矣。[153]

換句話說，他視禪讓為公天下之具。

尤列且相信，孔子不單是思想家，謳歌「仁」的價值，他更是一個實踐家，支持革命。他指出，在中國未有革命前，尊孔乃中國風尚，然而革命之後，則多有廢孔之言。當鼓吹革命之初，革命派以驅逐胡虜、平均地權、創立民國為號召；尤列理解驅逐胡虜是革命之義，而創立民國是平民政治之義。二義本有先後之分，然而輾轉流傳之後，分界漸忘，平民政治之義竟然算在革命之義之內，久而久之，二義混而為一，因此革命之後，已經全然忘記「湯武革命，順乎天而

151《孔教革命》，頁 177-178。
152《孔教革命》，頁 190。
153《孔教革命》，頁 206。

應乎人」乃出於孔子。支持平民政治的孔子被人渾然忘卻，可是春秋尊王之邪說卻錯諉在孔子身上，結果孔子形象大打折扣。另外老師宿儒，恪守家派，非漢即宋，又不能公開說清孔子尊帝且志在《虞書》的真相。尤列為孔子蒙冤受屈感到忿忿不平，「夫革命之名，固創於孔子，且非徒創其名而已也」。他引「佛肸召，子欲往」（《論語・陽貨》），證明孔子確有實踐革命。他又進一步稱，「而謂孔子若生近世，南關、河口之役，有不欣然往從者乎？」[154] 他深信孔子對革命是言行一致的。

尤列又駁斥反孔者謂孔學與共和牴觸。反孔者都謂共和無君臣，而孔子最重視五倫；五倫之首是君臣，所以孔子必然反對共和。[155] 尤列認為是大眾對君臣之義有誤解；應採廣義的君臣論，而非狹義的君臣論：他將「君」簡化為「其眾於首而為主任者」，即是一個機構之首，那麼在他管轄範圍的人，便是「臣」，僅此而已，[156] 完全沒有封建時代君臣之義。他又說，曾有一些有識之士告訴他，「君臣」可以這樣解說：「社會秩序中之有任務人，實不可無一簡單之名義以總括之，俾明分職不得相踰越。」[157] 簡而言之，就是明職分。

尤列試圖解釋每個人在每個位置上，都要忠於那位置託付要他實踐的義務。在社會秩序裏，當然要分誰發施號令、誰負責推行。佔位置的人是流動的，視乎那些人能否忠誠地履行義務。然而人人生而平等，每個人都有機會進入他最適合的位置，貢獻社會。社會正要提供

---

154 《孔教革命》，頁 201。按，尤列這樣說，可見他視廣西鎮南關、雲南河口二役為他革命生涯中重要之二役。

155 《孔教革命》，頁 202。

156 《孔教革命》，頁 198－200。

157 《孔教革命》，頁 200。

平等機會給所有人。這便是民治社會之本。[158] 尤列對此有如下見解：

> 是則所謂君臣者，一國之社會組織。出令者為君，
> 受命者為臣，乃至出令之時為君，受命之時為臣。此流
> 動者之虛位，俗諺所謂「做此官行此禮」者，雖以一人
> 之身而兩兼之，亦不容不有此秩序總稱之代名詞，以明
> 其責之無可旁貸焉耳。[159]

　　換句話說，層階式權力模式（hierarchical structure）是無可避免的，這才會令社會井然有序、人人權責清晰。權力來自位置（office）而非某一人，這才能夠避免人治。有權便有責，行使權力是不能偏離「仁」這最高行事準則的。[160]

　　尤列又進而澄清「共和」二字，是中國古已有之，不是由日本進口的外來詞。他稱日本人從事翻譯，多取中國古名詞，中國人以為是新名詞，這情況是十分常見的。日本人僅取其字的意義而已。辛亥革命份子多曾留學日本，將「共和」二字由言論再演化至實行，故全國皆視為理所當然。[161]

　　有學者認為，尤列是將中國傳統的體用論進行轉型，將西方議會制度連結中國傳統政治文化的靈魂人物孔子，從而衍化出「以西化中」的政治論述和觀點。[162] 這一說法十分恰當。不過，我們也不可忽略尤

---

158 尤曾家麗：《尤列與辛亥革命》（香港大學碩士論文〔Thesis (M.A.)〕）（未刊稿），2009 年，頁 77。

159 《孔教革命》，頁 196。

160 《尤列與辛亥革命》，頁 78。

161 《孔教革命》，頁 202－203。

162 賴志成：〈孔聖堂創辦人的思想：論尤列的「化西」治國理念及「體用論」的現代轉型〉，《國文天地》，2019 年，第 408 期，頁 84－97。

列思想中的東方元素，那就是佛學思想了。正如前述，他常以佛典入詩，[163]《孔教革命》亦引用了許多佛典，反映尢列尊孔之餘對內典也有深入研究。[164] 所以筆者認為，尢列提倡的平民政治，或與佛家「眾生平等」有關。另外，亦可能源於他在日本親歷的大正民主運動。

籌建孔聖堂

尢列提倡倫理救國，除了以講課宣揚孔道，更協助籌建孔聖堂。他有感人心不古，希望透過孔學滌瑕蕩穢。他有見「近年以來，同僑之中，子逆其親，妻薄其夫，兄弟鬩牆，主賓涉訟，朋友構怨，甚至少年男女，不知平等之在於法律，誤自由以為口實，而蕩檢踰閑者，均數數見，無可諱言者也」，[165] 故希望以孔道改良社會風氣。

1928 年，國民政府大學院下令，因孔子尊王忠君，故將祀孔廢除。尢列對此非常遺憾。尢主張倫理救國，認為一切政治，均由孔道所育成。他認為孔子倫理中的君臣，是廣義的君臣，而非狹義的主奴。他又指出，大學院既是一國之最高的教育機構，卻對經典無所認識，摧毀孔道，定必令社會陷入失序之境地。當時門人何佩瑜、溫公良等合編《衛道新編》，尢列為之撰序。據說此書出版之後，瞬即再版。[166]

香港社會上流人士一向推崇孔道，在香港學術界，也有一些致

---

163 如不知作於何時的〈雜感〉，詩云「分香賣履古今奇，末路英雄事可思。適誦《楞嚴》第三卷，皈依默默整伽梨。」〈雜感〉，《小園詩集》，收於《尢列集》，頁 272。

164 《孔教革命》，頁 204－205。

165 〈為籌見香港孔聖講堂宣言〉，收於《尢列集》，頁 248－251。

166 《尢列事略》，頁 90－91。

孔聖堂今貌
圖片來源：尤迪桓、尤曾家麗拍攝照片

力傳揚孔道的學者。當時香港有一位富商曾富[167]，一向支持孔道，有感人心淪喪，道德日下，故希望為傳揚孔道出一分力。要提倡孔道，便需有較大講堂，足以容納大量聽眾。為此曾富與香港另一富商簡孔昭晤談，簡深深認同，故將香港掃桿埔加路連山道一塊十萬二千餘尺的土地，撥作興建孔聖堂之用。曾富因籌建該堂，四出奔走，各界熱烈支持，未幾孔聖堂籌備辦事處成立。1928年4月，在上環杏花樓召集發起人聚會，商討籌建事宜。尤列與溫公良亦有出席。尤列登台演講，申明孔道之要，「全座鼓掌，莫不肅然起敬」。會上公推尤列、何東（1862－1956）、何世耀（1883－1933）、李景康（1890－1960）、曹善允（1868－1953）、曾富、黃季熙、劉毓芸（約1885－1954）[168]等為籌備會員，尤兼任起草工作。因此籌建孔聖堂的宣言是由尤列所撰。[169]值得注意的是，尤列曾在神戶生活，而簡孔昭的堂兄弟、南洋兄弟煙草公司東主簡照南（1870－1923）在神戶經商多年，是當地商界領袖，且藏書甚富，[170]與尤列志趣相近，因此簡照南應是尤列友人。尤列自神戶返港後，因簡照南的關係認識簡孔昭是極有可能的。

當時預算興建孔聖堂，至少需款二十萬元，這在當時社會來說，是天文數字。尤列指出，香港有港僑數十萬人，而保存國體和國粹乃各人責無旁貸之要務，因此自然樂意捐輸。他對孔聖堂得以落成感到非常樂觀。他預期，每年孔聖誕之日，港僑可以到堂慶祝，「感情

167 曾富是二十世紀初香港的富人，曾在九龍城浦崗建曾富花園。詳見〈督憲遊曾富家塾〉，《香港華字日報》，1919年11月24日；〈曾富花園定期開放〉，《香港工商日報》，1928年7月20日。

168 《番書與黃龍：香港皇仁書院華人精英與近代中國》，頁175－176。

169 〈孔聖堂昨舉行開幕典禮〉，《香港工商日報》，1935年12月11日；《尤列事略》，頁92；〈為籌建香港孔聖講堂宣言〉。

170 神探：〈簡照南藏書出售〉，《東方日報》，1943年6月8日；〈煙草大王簡照南〉，《東方日報》，1943年8月7日。

聯而觀瞻亦壯」，又認為講堂開設以後，即可延請碩學鴻儒，聚眾講學，培養國人對學問的興趣。同時，港僑亦可在此行婚、喪二禮。他展望「我僑胞研究至道之餘，散步逍遙於其間，大可怡情與適性」。[171]

孔教的集會比比皆是，令尤列反思到「教」與「會」的不同用途。他舉一例，在廣州一隅，曾有人因宣揚孔教而花了十多萬，然而效果不彰。他歸納到一個重點，「是〔此〕無他，以會為主體，與以教為主體之不同耳」。即使以會為主題，意義也有二重。第一，在一年一度的孔子誕辰中，舉行飲宴，作用是一年一日慶祝一次。第二，建立一個會所，招集同道，各有分工，協助籌辦義學，且設有宣講人員，那便仿如一個極大的社會了。尤列認為這是「禮亡羊在」，而孔教得以延續下去，歷久不輟，也是因為通過這一媒介。然而，與「教」相比，「會」「則未可同年而語耳」。尤列認為，以「教」作為主體的，必有教師作教導。他謂教師也可分二種，一是由同仁推舉，二是畢業自孔教宣道學校。他相信有了這些教師，便不怕孔教不昌，因此建堂以後自可設立宣道學校。由是倫理之學，自可傳揚開去，[172] 由此便可倡行倫理救國了。尤列的想法明顯受到西方宗教訓練宣教士的影響。不過對於傳播孔教而言，尤列的想法未免過於理想化。五四以後，中國社會掀起了一股反孔風潮，而在這股狂潮底下，欲訓練傳授孔教的老師，似乎不太可能了。

尤列引孔子「道不行，乘浮桴於海」（《論語・公冶長》），即是說如果治國大道在這處沒有人聽從的話，那便不如換一個空氣，跑出去，另找其他願意接受的人，「則將傳其既已大修之道於海外無疑」。看到中國的反孔風潮，他有感而發，謂「同人等本其詔我後人之遺

171〈為籌建香港孔聖講堂宣言〉。
172〈為籌建香港孔聖講堂宣言〉。

人間到處有青山：四大寇之尤列傳

尤列與香港中華國醫學會會員合照，前排右三為尤列。
圖片來源：《尤列集》，頁 11。

為善最樂

善長仁翁惠鑒

順德尤列書

尤列為香港樂善堂題字
圖片來源:《九龍樂善堂專刊》(九龍城:飛鷺印務局,1930 年)。

言，建斯堂以樹之風聲，亦維其時矣」。[173]

他又指出，歐美人士在國外旅居，不論所居地人口多少，均設立其以教為主體的本國教會。如果港僑沒有這種組織，那便是無教之民了。他驚訝何以香港各種娛樂場所一應俱全，卻偏偏欠了這樣的組織。他感到難以理解。因此，尤列深切希望孔聖堂能建成，「以成最高而最可寶貴之機關」。[174] 可見建立孔聖堂是他一直念茲在茲的。

振興國醫

1931 年 9 月 18 日，日軍發動侵華，東三省淪入日人之手，國民政府召開國難會議，曾聘尤列為議員，尤列「本擬策杖一行，參與討論，嗣以遷之河南開會」，因路途太遙遠，故未有北上。[175]

尤列在南洋時懸壺濟世，在香港時仍有行醫，曾任香港東華醫院醫師。譚傑生任九龍樂善堂主席時，聘尤列為樂善堂義務中醫，替平民治病。尤列由儒入醫，與儒醫何佩瑜等提倡國醫，被推舉為僑港中醫公會名譽顧問、香港中華國醫學會幹事長、廣東省國醫分館名譽理事等。[176]

尤列大半生為革命漂泊，終在鼎革後安定下來，稍享清福。在日六年，生活安逸，令他得以完成《四書章節便覽》等書。1921 年在廣州與故友孫中山重逢，雖以失望告終，惟總算能與舊友相見。定居香江後尤列以傳揚孔道為己任，既在皇覺書院講學，又協助籌建孔聖

173 〈為籌建香港孔聖講堂宣言〉。
174 〈為籌建香港孔聖講堂宣言〉。
175 〈順德尤列先生事畧〉，頁 9 下；《尤列事略》，頁 92－93。
176 《尤列事略》，頁 93。

堂，得以實踐倫理救國的夙願。

　　尤列蟄居香港，大概也預料自己會在這小島終老。然而世事難料，在人生的最後歲月，他竟有機會再訪神州大地，得見革命故友，備受各方隆譽。在去世前更在南京中央廣播電台演講，號召國民團結一致抗日。

　　下一章，將談到尤列的最後歲月。

金 陵 星 沉

第四章

今來首都，得眼見中華民國達於和平統一。

余心欣慰之餘，回顧五十年前，

我輩倡言革命，庶不負所期。

——〈尤列遺囑〉

「四大寇」的晚年

　　孫中山大半生飽歷憂患，積勞成疾，1925 年因肝癌在北京去世。在「四大寇」當中，孫與陳少白較為親近。孫中山的兒子孫科出身自加州大學柏克萊分校（UC Berkeley）和哥倫比亞大學（Columbia University），對新聞和城市規劃都有相當研究，日後歷任立法院、行政院、考試院院長，是民國時代大政治家之一。時人嘲笑孫科為「阿斗」，說他做事不濟，似有欠公允。他在廣州市市長任內，曾實行城市規劃，一改廣州市容，雖未竟全功，但至少作了一個好的開始。[1]

　　楊鶴齡在民國成立之後，只在政府任職了很短時間。後定居澳門。據說楊甚嗜杯中物，每餐均以一酌佐飯，惜手頭不寬，時常沒錢買酒。幸一相熟酒莊老闆仰慕他的為人，常送酒給他，楊每需酒時，便手書便條，請人往取。時間久了，「酒肆積酒條盈數寸，主人診〔珍〕視之，無或散失」。[2] 楊晚年生活潦倒，「家日衰落」，「困守澳門，僦屋而居」，[3] 可見其清苦之狀。1934 年 8 月 29 日晚上，病卒於澳門水坑尾青磚巷十四號寓所。[4] 楊死後，汪精衛向國民黨建議予以撫卹。汪謂楊為「總理舊交」，「中央念其耆德，特予優遇，月給津貼，以資養老」，又引述楊鶴齡姪的來信，指楊「身後蕭條，子嗣尚幼」。最後國民黨撥給殮葬費五千元，並交撫卹委員會議卹。[5] 楊鶴齡

1　可參 Michael Tsin, "Canton Remapped", in Joseph W. Esherick (ed), *Remaking the Chinese City: Modernity and National Identity, 1900-1950* (Hawaii: Hawaii University Press, 1999), pp. 19-29.

2　〈革命先進楊鶴齡之遺物〉，《上海報》，1937 年 3 月 7 日。

3　〈楊鶴齡事略〉，收於《中山文獻》編輯室編：《中山文獻》，1947 年創刊號，頁 11。

4　〈革命先進楊鶴齡逝世〉，《香港工商日報》，1934 年 9 月 1 日。

5　〈紀事：撫恤：優恤林直勉方聲濤楊鶴齡三同志〉，《中央黨務月刊》，1934 年，第 74 期，頁 728－729。

部分後人在中國大陸定居，其蘊子曾在中山中學任教。[6]

相比之下，陳少白晚景則是四人中最好的。1933年，他自捐巨款在家鄉外海鄉興建小學校舍一座。[7] 陳少白在辛亥革命後曾任粵航公司經理等職，之後在北平定居，寓北長街一百一十七號，「園亭廊榭，盡為陳氏一己所設計也」，生活相當優裕。[8]

陳少白一向有胃病，時好時壞，1934年春、夏之間，胃病甚烈，飲食也成問題。為了養病，擬北上易地調養，遂於9月赴北平，惜身體情況仍是一進一退，住院兩個多月，終在1934年12月平安夜前一天的23日與世長辭。陳少白育有三子二女，長子陳君景，時居香港，在鐵路機關工作。次子陳君廷，時任北平中原公司秘書。三子陳君濯，肄業北平中學。長女陳英娥嫁潘夢雲醫生，次女陳英德為美國芝加哥大學（University of Chicago）醫學博士。[9]

尤列是「四大寇」中最長壽的一位。髮妻林氏是廣東順德人，早已去世。[10] 尤列男兒志在四方，一生為革命奮鬥，長期在外；不過偶爾也會流露未能盡責照顧家庭的愧疚，曾謂「冬煖兒號寒，年豐妻啼饑」。[11] 尤列無後，遂收三兄尤鏡裳子永昌為子。承嗣子尤永昌（1886－1948），原名子泰，字少甫，[12]「繼藥學以為業」。[13] 1948年4月22日，尤永昌在旺角廣華醫院逝世，享年六十二歲。[14] 尤永昌長子

6　〈孫中山逝世卅七週年翠亨村整修愈見秀麗〉，《大公報》，1962年3月12日。

7　《陳少白先生年譜》。

8　〈革命前輩陳少白病逝〉，《時報》，1934年12月28日。

9　《陳少白先生年譜》。

10　〈順德北水植基堂尤氏家譜〉。

11　〈去國行〉，《小園詩集》，收於《尤列集》，頁274。二句出自韓愈（768－824）的〈進學解〉。

12　〈順德北水植基堂尤氏家譜〉，收於《尤列集》，頁332－333。

13　〈順德北水植基堂尤氏家譜〉；〈順德尤列先生事畧〉，頁11上。

14　〈中和黨主席尤永昌昨病逝〉，《香港工商日報》，1948年4月23日。

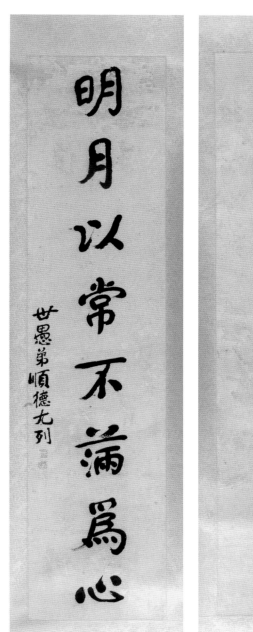
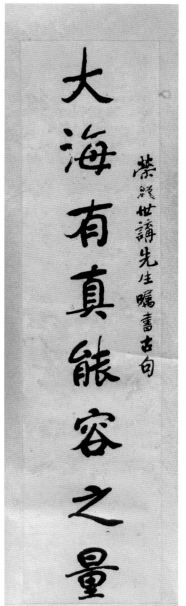

大海有真能容之量

明月以常不滿爲心

縈龍世講先生囑書古句

世愚弟順德尤列

尤列手書聯語
圖片來源：尤迪桓、尤曾家麗家藏照片。今藏香港孫中山紀念館。

尤嘉炎（1914－1942）早逝，戰前為香港政府文員。[15] 次子尤嘉松（尤嘉從，1916－1967），又名尤燕，字中工，[16] 早年曾就讀於油麻地官立學堂，古文根柢甚深，曾以〈古文法度論〉一文獲 1933 年的香港青年會九龍分會半島聯校周年中學論文比賽個人冠軍，[17] 曾在馬來亞古晉（Kuching）任教師，後以尤中工之名回港任中醫。[18] 三子尤嘉博（1919－2002）出身自皇仁書院，長期在九龍潔淨局任職。四子尤嘉伊（1922－2008）也曾在皇仁書院就讀，後為政府文員。

尤家重視子女教育，尤嘉博和尤嘉伊子女多為專業人士。尤嘉博長子尤迪光生於 1943 年，畢業於英皇書院（King's College），後往澳洲升學，從墨爾本大學（University of Melbourne）文科畢業，曾在澳洲從軍，參與越戰。退伍後在樂卓博大學（La Trobe University）攻讀法律。後曾在澳洲駐香港總領事館工作，及擔任北京大使館移民官員等。返澳後曾當移民律師及維省大學（Victoria University）法律學院助理教授。現已退休。

尤嘉博二子尤迪安生於 1946 年，畢業於聖類斯中學（St. Louis School），後在香港大學攻讀植物學。嗣後考獲獎學金，負笈英國牛津大學（University of Oxford）攻讀林業科學，獲碩士學位。返港後在香港政府漁農處擔任林務專員。1976 年應澳洲墨爾本市政府之聘，為墨市樹藝師；在墨爾本大學教授樹藝科時，亦取得同校林務系哲學博士學位。後擔任維多利亞州天然資源護理盟會總幹事和維州總督府樹藝顧問達二十年之久。2012 年獲香港政府委任為香港政府樹木

15　〈順德北水植基堂尤氏家譜〉；〈順德尤列先生事畧〉，頁 11 上。

16　〈順德北水植基堂尤氏家譜〉。

17　〈古文法度論〉原文及獲獎消息見《香港青年》，1933 年，第 1 卷第 9 期，頁 65－66。

18　此據尤迪光先生言。

辦專家小組成員和香港 THEi 兼任教授。

尤嘉博三子尤迪中生於 1948 年，中學時代在聖類斯中學讀書，後來往加拿大麥基爾大學（McGill University）攻讀音樂。回港後在香港一所中學任教，1988 年移民澳洲。退休後仍然活躍於音樂圈，在當地電台介紹音樂，以及組織弦樂隊四處演奏，閒時作曲自娛。

尤嘉博四子尤迪桓生於 1949 年，與二兄、三兄同就讀於聖類斯中學，中學畢業後在香港浸會學院生物系就讀。嗣後在美國伊利諾伊大學（University of Illinois）獲畜牧系博士學位。尤迪桓曾為美國農業部轄下美國飼料穀物協會駐北京辦事處常任技術顧問，其後出任美國多家飼料添加劑公司亞洲地區代表；在香港時則從事農工商和環境業務工作。現在港享受退休生活。

尤嘉伊長子尤迪華則生於 1948 年，畢業於九龍聖芳濟書院（St. Francis Xavier's College），後在英國薩里大學（University of Surrey）取得碩士學位。回港後在香港社會福利署任職臨床心理學家二十四年，退休後接受澳門特區政府社會工作局邀請，在當地成立復康服務綜合評估中心，之後在英國生活。

尤嘉博、尤嘉伊女兒及兒媳輩等亦多在大學或大專畢業，除在商界發展外，亦有在教育、社會福利和醫護界等服務。

魯殿靈光

1933 年 9 月 22 日，「被國民黨人認為不世罪人」的陳炯明在香港跑馬地毓秀街寓所病逝。[19] 孫中山一直十分痛恨陳炯明，然而尤列

---

19 〈為孫中山大敵之陳炯明昨晨在港逝世〉，《天光報》，1933 年 9 月 23 日。

卻不為他人愛憎所影響。從他撰寫的輓聯，可見他甚敬佩陳的為人。該輓聯云：

> 循史傳直少編，禁賭禁煙。七星城市，萬古當唱遺愛。
> 黨人碑那堪讀，誰毀誰譽？百花洲上，千古自有公論。[20]

「禁賭禁煙」一句，說明陳炯明雖是地方軍閥，但對賭博和大煙深惡痛絕。在這方面，連孫中山也做不到。孫為了替革命籌募經費，有時是無所不用其極的。

尤列一生為革命奔走四方，卻鮮有為自己生計打算，晚年以香港為家，過着清苦的生活。1935年前後，他居於九龍油麻地，「平素生活居處，極為樸陋」。為了革命，早已散盡家財，以致「家徒四壁，甕無隔宿之糧」，有時連一月房租數元亦拿不出來。到了晚年，尤列仍堅持行醫，每天早上，必提着手杖，勉力步行至新填地街存仁堂藥材店看病，遇有貧困者，則不收分文，「故在香港一埠，有『尤生佛』之稱譽」。尤列年事已高，身體不佳，無奈仍要為口奔馳。據說，孫中山在生時，曾月給三百港元，以為津貼。孫逝世之後，這一資助亦告中輟。[21]

尤列生活清苦，幸有許多有心人時予接濟。1935年尤列七十大壽，更是在眾人協力下辦成的。1934年11月，上海、廣州、香港老革命人，念及尤列曾為革命奔走，欲為他做一些事。1935年4月，宋居仁、李紀堂（1873－1943）、蘇卓南、李天德、朱少穆（1885－

---

20 〈輓陳炯明聯〉，《小園詩集》，收於《尤列集》，頁280。
21 〈革命元勳尤列近況〉，《上海報》，1935年3月7日。

老年尤列為病人把脈
圖片來源:《大眾畫報》,
1935 年第 19 期,頁 25。

1936)[22] 等在廣州市光復南路設立祝壽籌備分處,為大壽慶典作準
備。各人曾討論壽屏壽文等事,「決定壽文採六頁屏風式,用紅緞顧
繡,撰文則公推鍾惺可君主稿」。[23] 鍾惺可即鍾榮光(1866-1942),
是嶺南大學第一位華人校長。鍾榮光是尤永昌的老友。尤年未弱冠,
即離開家鄉到香港和澳門遊歷,「與革命先進嶺南大學校長鍾榮光相
處甚久」,革命思想不單來自尤列,「更得益友薰陶也」。[24]

　　1935 年 4 月 29 日,尤列七十大壽慶典在油麻地大觀酒樓[25] 舉
行,「該樓是日完全佈置一新,張燈結彩,所有黨國題贈之賀聯詩

22　朱少穆卒年根據〈革命前輩朱少穆慘遭橫死今請昭雪〉,《香港華字日報》,1936 年 8 月
　　26 日。

23　〈鍾惺可等籌祝尤列壽辰〉,《天光報》,1935 年 4 月 11 日。

24　本報資料室:〈中和黨主席尤永昌小史〉,《遠東周報》,1947 年,第 1 期,頁 8-9。

25　按,大觀酒樓在現在油麻地永安百貨附近。

詞，遍懸壁間，金鼎銀盾等禮物，更是琳琅滿目」，當時的盛況，自可想見，賓客如雲，多是革命先進。當日上午十一時許，尤列兒子尤永昌和尤氏家族各人，以及同盟會和興中會各老同志，均一一到齊。至十二時許，各界來賓逾千人來到酒樓，可謂盛況空前。尤列身穿藍布長袍、黑馬褂，頭上戴着唐式瓜皮禮帽，神采飛揚。酒樓懸掛了林森（1868－1943）所書「四福頭」和蔣介石所書橫額等。[26] 另外還收到于右任（1879－1964）、王正廷（1882－1961）、白崇禧（1893－1966）、何東、余漢謀（1896－1981）、李宗仁（1891－1969）、李揚敬（1894－1988）、李濟深（1885－1959）、林翼中（1887－1984）、唐生智（1889－1970）、孫科、徐紹楨、徐謙（1871－1940）、馬占山（1885－1950）、崔廣秀（1888－1974）、陳公博（1892－1946）、陳紹寬（1889－1969）、陳樹人（1884－1948）、陳濟棠（1890－1954）、黃紹竑（1895－1966）、鄒魯、熊式輝（1893－1974）、劉紀文（1890－1957）、蔡廷鍇（1892－1968）、羅旭龢（1880－1949）、譚啟秀（1892－1949）等的壽聯。[27] 這些人大部分都是粵籍政、軍界名人，且多為操縱兩廣的西南政務委員會中人（如林翼中、劉紀文等）。西南政務委員會是南方一股重要的反蔣力量，尤列又是當時「四大寇」中碩果僅存的一位，以革命輩份來說，有超然的地位，當然要加以拉攏。另一方面，不少委員與尤既有私誼也有鄉誼，且尤列相識滿天下，故各方賀禮、賀聯如雪片至。

在壽禮之始，各人先是齊集，然後是肅立、奏樂，跟着是同志向國民黨旗行禮，各人唱黨歌，主席宣佈壽宴的原由，之後是行禮。另

---

26 〈革命先進尤列祝壽盛況〉，《天光報》，1935 年 4 月 30 日；小同志：〈尤列壽會速記〉，《福爾摩斯》，1935 年 5 月 14 日。

27 〈尤列今日壽辰〉，《香港工商日報》，1935 年 4 月 29 日；〈嶺南時人為革命先進尤列祝壽〉，《東華報》，1935 年 6 月 8 日。

外尚有其他禮節。儀式由興中會代表朱少穆致祝辭，大意是國民黨同志，「以尤〔尢〕先生為革命先導，當年四大巨頭，今已完結其三，只有尤〔尢〕先生為碩果僅存，其奔走革命數十餘年，功成不居」，適值尤列七十大壽，各人為尤賀壽，「全係以黨之目的，黨之立場，以黨德，以黨義、黨之精神為尤〔尢〕先生紀念」，而且有「說者謂其一路黨來，大可謂之『以黨祝壽』」。[28] 以革命年資論，尤列早已是革命派的魯殿靈光了。

尤列的答詞，充滿着救國的熱誠。他先謂各人遠道而來賀壽，自己「德薄能鮮，不敢當得」。他指出，第一，國難當前，實在沒必要祝壽。第二，自己無力救國，「更有何壽可祝？」第三，自己沒有能力奮起救國，各位更不應為自己祝壽。他說自己年紀老邁，只能寄諸言語，撰寫《孔教革命》一書，望各人能團結一致，共同救國，「則今日諸君祝吾之壽，吾亦應祝諸君之壽矣」。在致詞完畢時，更高呼「中華民國萬歲」、「諸君萬歲」。然後是各方代表向尤列致慶賀詞，直至壽會完結才就座，宴會至晚上八時許始散席。[29] 可以想見當時情景之熱鬧。

有一點值得討論的，是尤列的交遊。他與「三大寇」、楊衢雲、謝纘泰等的友誼，是大眾非常熟悉的。本章將考證他更廣闊的交際圈。尤列七十大壽之時，賀壽來客來自社會各階層。他當時一貧如洗，在政壇上毫無影響力，在如此情況下眾人依然為他賀壽，可見他人緣甚佳，感召力強。各人均知道他生活困苦，希望藉着這次壽宴，向他表達敬意和予以幫助。

下一節，筆者嘗試透過《順德尤列先生八秩開一榮壽徵文啟》發起人名單，談談尤列的人際網絡。

---

28 〈尤列壽會速記〉。
29 〈尤列壽會速記〉。

尢列門生與友人小考 ── 從《順德尢列先生八秩開一榮壽徵文啟》說起

《順德尢列先生八秩開一榮壽徵文啟》（以下簡稱《徵文啟》）慶祝發起人包括尹冶純、朱少穆、江恭喜、何佩瑜、吳子垣、宋居仁、李天德、李少奇、李仙根、李代裕、李紀堂、李紹康、李嶧琴、周志雄、周昭岳、林慶燊、邱松山、韋達、馬小進、張我球、梁洛湘、梁硯田、梁源和、梁騰龍、陳灼坪、陳靜菴、黃百象、黃明堂、黃聲揚、楊隱山、温恭良（即温公良）、葉夏聲、廖平子、廖俠存、翟美徒、鄧毅、黎君璞、黎萼、盧廉、謝英伯、鍾榮光、鄺柱華、羅梓南、羅紹崧、關仁甫、蘇焯南。[30] 現將各人生平大略整理如下：

表 4-1　《順德尢列先生八秩開一榮壽徵文啟》中所見各人生平

姓名	字	籍貫	
尹冶純	未詳	未詳	
朱少穆	未詳	廣東南海九江鄉人	

生平	備註	資料來源
筆錄尢列遺囑。	受業弟子	《北洋畫報》，1936 年，第 30 卷第 1480 期，無頁數。 《孔教革命》，頁 223。
生於廣東南海富家，父在安南經商。朱少穆為興中會會員。曾留學日本，攻讀法學和軍事。在雲南河口之役、廣西鎮南關之役從事宣傳和籌餉工作，是尢列的革命老戰友。清政府滅亡前夕，曾為革命赴橫濱籌款。1913 年袁世凱當國，龍濟光踞廣東時，朱少穆曾下獄。1923 年任澄海審判廳廳長。同年開始在廣州任執業律師。1936 年陳濟棠等以他藏有尢列祝壽名冊為藉口將之拘捕，3 月 7 日含冤入獄，4 月 24 日被秘密行刑處決。	革命志士	〈革命前輩朱少穆慘遭橫死今請昭雪〉，《香港華字日報》，1936 年 9 月 25 日。 〈尢列事略補述一〉。

（續上表）

姓名	字	籍貫	
江恭喜	未詳	廣東寶安人（沙頭角鄉人）	
何佩瑜	未詳	廣東人	
吳子垣（又名吳紫垣，約1883－1945）	綿芳	廣東香山人	
宋居仁（原名宋作松）	未詳	廣東花縣赤布村人	
李天德	未詳	未詳	
李少奇	未詳	未詳	
李仙根（李蟠）	仙根	廣東香山石岐人	

生平	備註	資料來源
在光緒年間由鄧蔭南介紹加入興中會，後參與孫中山領導的革命。1900 年與鄭士良和李紀堂等在惠州起義，為中路統軍司令，率江恭齊、江計、黃國庭、黃耀庭等在新安縣三洲田、馬龍頭等地起事。又攻打白沙灣墟、佛祖坳各要隘，再下博羅、惠州，最後因彈盡糧絕而失敗。江恭喜為此役墊支逾萬元，值數萬元的在鄉產業亦被清政府抄沒入官。後避走暹羅，且往來於南洋，宣揚革命。辛亥時與鄧蔭南等在寶安縣起事。1914 年起兵討袁世凱，被龍濟光下獄。1920 年參與討莫榮新（1853－1930），1923 年隨孫中山北伐，惟積勞成疾，解甲歸農，晚年生活困苦。	革命志士	〈（三）呈中央執行委員會請撫卹江恭喜〉，《西南黨務月刊》，1932 年，第 4 期，〈重要公文〉，頁 2－3。《尤列事略》，頁 69。
香港中醫。香港中華國醫學會創辦人之一。何佩瑜推崇孔道，在這方面與尤列思想十分接近。	門人、同業。	〈何佩瑜君演說〉，《樂天報》1921 年，第 12 期，頁 14－17。《尤列事略》，頁 90。
曾撰文推崇孔學、南社社員。	革命志士	〈吳子垣在滬逝世〉，《中央日報》，1945 年 1 月 22 日。
基督徒。旅美華僑。早年「賣豬仔」到檀香山，先從事路工，後開餐館。在檀香山時與孫中山認識，追隨孫從事革命活動。回國後入巴陵會（The Berlin Missionary Society）神道學校任傳教工作，同時暗中策動革命。1902 年在芳村起事失敗後，翌年往香港青山畜牧，後遷居元朗牧羊、修理鐘錶和兼理牙科。從革命火線退下後致力教會工作。1937 年 4 月 18 日在廣州逝世。	革命志士	麥梅生：〈革命老信徒宋居仁先生歷史〉，《真光雜誌》，1937 年，第 36 卷第 9 期，頁 53－55。
國民黨員。鐵血團首領，曾奉朱執信（1885－1920）命往北京行刺段祺瑞，事洩被捕下獄。後曾任廣州陸海軍大元帥大本營內地偵探長。	革命志士	〈李天德與吳鐵城之大交涉〉，《香港華字日報》，1923 年 7 月 13 日。〈鐵血團首領李天德先生〉〔原文無標題，由筆者代擬〕，《光報》，1929 年 10 月 10 日。〈老民黨李天德全家被捕〉，《鐵報》，1936 年 3 月 10 日。
中和黨人士。在香港經營新巧華洗衣店。	中和堂成員	〈中和黨的新舊兩派（下）〉，《小日報》，1947 年 10 月 25 日。
國民黨員。1908 年進入陸軍小學學習，後參加中國同盟會，曾參與廣州三二九起事的前期準備工作，1914 年留學日本，1917 年回國，在香港從事革命工作。1923 年後任孫中山侍從秘書、機要秘書。1924 年任香山縣縣長。後歷任香山縣縣長、中山縣縣長、粵漢鐵路局局長、西南政務委員會委員、國民政府文官處秘書等。1943 年病逝於重慶。	革命志士	〈李仙根逝世〉，《大公報》（重慶），1943 年 6 月 16 日。〈李仙根昨晨病逝〉，《中央日報》，1943 年 6 月 16 日。李穗梅主編，李興國、曾舒慧撰稿：《孫中山與帥府名人文物與未刊資料選編》（廣州：廣東科技出版社，2011 年），頁 59。

人間到處有青山：四大寇之尤列傳

（續上表）

姓名	字	籍貫	
李代裕	未詳	未詳	
李紀堂 （李柏，1873－1943）	紀堂（號）	廣東新會人	
李紹康（約 1887－？）	未詳	廣東順德人	
李嶧琴（亦作李嶧琹）	未詳	未詳	
周志雄	未詳	未詳	
周昭岳	未詳	廣東人	
林慶燊	少鵬	廣東番禺人	
邱松山	未詳	未詳	
韋達	兼善	廣東香山人	
馬小進 （1887－1951）	退之	廣東台山人	
張我球	未詳	未詳	
梁洛湘	未詳	未詳	
梁硯田	演天	廣東番禺人	
梁源和（約 1877－？）	未詳	未詳	

生平	備註	資料來源
未詳	未詳	—
香港富商李陞其中一個兒子。香港商人、中和堂成員。興中會會員，早年參與革命。曾參與惠州之役及洪全福之役，先後捐巨資作經費。	中和堂成員	〈李紀堂逝世〉，《大公報》（桂林），1943 年 10 月 9 日。〈中和堂肅清敗類〉，《大公報》（香港），1940 年 11 月 29 日。
商人、中和黨人士。1940 年代為中和黨總支部主任委員。	中和堂成員	〈中和黨主委李紹康壽辰〉，《華僑日報》，1948 年 6 月 29 日。〈三院與各界社團聯議救災情形〉，《華僑日報》，1949 年 7 月 17 日。
生平詳見第三章「客居神戶」一節。	受業弟子	—
未詳	未詳	—
生平詳見第一章表 1-1。	輔仁文社社友、革命志士	—
未詳	受業弟子	《孔教革命》，頁 173。
未詳	未詳	—
易學和佛學專家。曾任何東英文秘書。幼攻國學，曾在毛其翰、尤列門下學習。十二歲考進皇仁書院，英文成績最佳。香港大學學士、碩士。韋達學貫中西，曾將《成唯識論》、《周易》譯作英文。	受業弟子	《孔教革命》，頁 173、223。〈韋達碩士今午在扶輪社演講〉，《香港工商日報》，1948 年 6 月 1 日。〈韋達碩士巨著周易疏義英文本〉，《香港工商日報》，1971 年 5 月 6 日。
前清鄉試出身、曾就讀香港香港聖士提反書院（St. Stephen's College），後到美國哥倫比亞大學和紐約大學（New York University）留學。同盟會成員。廣東眾議員、詩人。1951 年在香港逝世，歸葬跑馬地天主教墳場。	革命志士	〈馬小進之與陳垣〉，《香港華字日報》，1913 年 8 月 27 日。《現代支那人名鑑》，頁 25－26。〈馬小進逝世昨出殯〉，《華僑日報》，1951 年 9 月 9 日。
未詳	未詳	—
未詳	未詳	—
佛教徒。皇覺書院院董。	皇覺書院院董	尤列：《孔教革命》（香港：天演齊衛生露總發行所，1928 年），〈梁硯田啟〉，無頁數。《孔教革命》，頁 223。鄧家宙：《香港佛教史》（香港：中華書局，2015 年），頁 53。
中華船員總工會會長。從事航海業。在 1920 年代罷工時，曾在油麻地組織一俱樂部名「源和別墅」，凡船員加入者，均推薦往大洋船工作。香港發生罷工時，許多船員離任，然而他仍能為船員找到落船工作，故深得香港政府信任。	受業弟子	〈梁源和行將返港〉，《香港工商日報》，1929 年 8 月 12 日。〈梁源和在滬輪被毆詳情〉，《香港工商日報》，1929 年 8 月 13 日。《孔教革命》，頁 223。

人間到處有青山：四大寇之尤列傳

（續上表）

姓名	字	籍貫	
梁騰龍	未詳	未詳	
陳灼坪	未詳	未詳	
陳靜菴	未詳	未詳	
黃百象	未詳	未詳	
黃明堂	未詳	廣東欽縣人	
黃聲揚	未詳	未詳	
楊隱山	未詳	未詳	
溫公良	未詳	未詳	
葉夏聲	競生	廣東番禺人	
廖平子（1880－1943）	任眉／蘋菴（號）	廣東順德人	
廖俠存	未詳	未詳	

生平	備註	資料來源
未詳	未詳	—
未詳	未詳	—
醫師	1936 年九列北上隨行醫師。	〈悼九少尗先生〉，《小日報》，1936 年 11 月 14 日。
未詳	未詳	—
陸軍中將。三合會員。中和堂成員。人稱「八叔」，一生傳奇。初本為秀才，在其鄉教書。其鄉多劫匪，惟匪不通文墨，挾黃代筆，為清吏所知悉，將之下獄，只好為匪。匪以其能文能武，推為首領。後赴安南，往見孫中山，加入同盟會。革命宿將，曾參與鎮南關及欽廉防城各戰役。1922 年受孫中山之命討伐陳炯明。1929 年曾投靠張發奎（1896－1980），為第三師師長。1939 年在欽縣原籍逝世。	中和堂成員	寒邨：〈黃明堂久蟄思動〉，《上海報》，1930 年 10 月 2 日。 羅什：〈黃明堂革命史（上）〉，《社會日報》，1933 年 7 月 16 日。 羅什：〈黃明堂革命史（下）〉，《社會日報》，1933 年 7 月 17 日。 〈黃明堂逝世〉，《大公報》（重慶），1939 年 2 月 11 日。 〈國府褒揚黃明堂〉，《益世報》（重慶版），1939 年 3 月 26 日。 關仁甫述，龍振濟記：〈四十年來革命回顧錄〉，《逸史》，1939 年，第 1 卷第 1 期，頁 5－7。
未詳	未詳	—
未詳	未詳	—
曾任孔聖堂董事。	受業弟子	〈孔聖堂董事溫公良六三壽辰徵詩〉，《華僑日報》，1960 年 10 月 30 日。 〈憶述九列先師言行〉，頁 153－158。
同盟會員。日本法政大學卒業。歷任廣東都督府秘書、廣東教育司司長、廣東司法司司長、南京臨時政府秘書等。先後在廣東法政學堂、高等商業學堂等任教，及任《南華日報》編輯。1922 年為廣東非常國會議員。著有《西行逐日記》和《國父民初革命紀略》等書。	革命志士	外務省情報部編：《現代支那人名鑑》（東京：外務省情報部，1924 年），頁 591。
詩人、同盟會會員。該會曾在香港普慶坊設立機關，為革命後援，廖平子與胡漢民同寓其中。曾往日本遊學，未幾回國。曾協助創辦《中國日報》，傳揚革命思想。民國成立之後，積極參與國民黨事務，曾任稽勳局審議員。1940 年往澳門，創辦刊物《俺留》，又易名《天風》。後返鄉。抗戰時在廣東協助組織游擊隊，以牽制日軍。	革命志士	馮自由：〈革命詩人廖平子〉，《組織》，1943 年，第 1 卷第 13 期，頁 15。 〈褒揚廖平子等〉，《大公報》（重慶），1944 年 3 月 8 日。
未詳	未詳	—

人間到處有青山：四大寇之尢列傳

（續上表）

姓名	字	籍貫	
翟美徒	未詳	未詳	
鄧毅	未詳	未詳	
黎錫珍	君璞	廣東番禺人	
黎蕚	建侯	湖南長沙人	
盧廉	子讓	廣東香山人	
謝英伯 （謝華國，1882－1939）	英伯、抱香（號）	廣東梅縣人	
鍾榮光	惺可	廣東香山人	
鄺柱華	未詳	未詳	
羅梓南	未詳	未詳	
羅紹崧	未詳	未詳	
關仁甫	未詳	廣西上思人	
蘇焯南	未詳	未詳	

＊ 名字按筆畫排序

生平	備註	資料來源
旅日英文老師。基督徒。國民黨橫濱支部成員。中和堂成員。	中和堂成員	品川仁三郎編：《孫文先生東游紀念寫真帖》（神戶：日華新報社，1913 年），〈中華國民黨橫濱支部歡迎紀念撮影〉，無頁數。《跨域史學：近代中國與南洋華人研究的新視野》，頁 55。
未詳	受業弟子	《孔教革命》，頁 223。
未詳	受業弟子	《孔教革命》，頁 173。
革命派人士，曾參與 1908 年廣州之役和辛亥光復廣州。	革命志士	〈革命老同志黎萼獄中革命記〉，《力報》，1938 年 5 月 15 日。〈褒揚黎萼〉，《新聞報》，1947 年 6 月 19 日。
協助尤列編輯《四書章節便覽》。	受業弟子	《四書章節便覽》，頁 94。
政治家、律師。南社社員。生於富裕家庭，曾祖父在暹羅經商，與暹羅一望族通婚，生謝英伯祖父。謝英伯父謝益之具新頭腦，不主張謝英伯應考科舉。謝父命謝英伯逐日標點《香港華字日報》一張，令他了解事局。1899 年，謝英伯進皇仁書院讀書。謝在皇仁時認識杜鹿笙，杜介紹其妹夫陳思仲和姐夫曹駕歐及其弟杜眉叔予謝。陳思仲介紹陳少白與謝認識。謝主革命報紙筆政，曾在哥倫比亞大學讀書。晚年在廣州和上海當律師，1939 年在廣東首席檢察官任內因糖尿病逝世。	革命志士	謝英伯：〈謝英伯先生自傳——人海航程〉，載秦孝儀編：《革命人物誌》第 19 集（台北：中央文物供應社，1968 年），頁 294－369。
中國近代著名教育家、基督教徒。晚清時為舉人，後加入興中會，參與革命活動。曾任格致書院漢文總教習，同時開始研究西學。民國初年曾任廣東都督府教育司長、廣州市政府參事等職。1942 年在香港病逝。	革命志士	黃麟書：〈悼鍾榮光先生〉，《廣東教育戰時通訊》，1942 年，第 52－53 期，頁 2。高廷梓：〈記鍾榮光先生〉，《讀書通訊》，1943 年，第 57 期，頁 8－10。
未詳	未詳	—
未詳	未詳	—
未詳	未詳	—
1893 年在十萬大山加入洪門。光緒年間在雲南主持忠義會，有會眾千餘，駐雲南邊境紅河一帶，以蒙自、箇舊為中心。1903 年加入興中會，多次參與起義的軍事行動。後仍在軍界活躍。	中和堂成員	關仁甫述，龍振濟記：〈四十年來革命回顧錄〉，《逸史》，1939 年，第 1 卷第 1 期，頁 5－7。〈關仁甫重振「中和堂」記〉，《小廣州人雜誌》，1948 年，第 44 期，頁 10－11。〈革命先進關仁甫今晨逝世〉，《工商晚報》，1958 年 3 月 25 日。
未詳	未詳	—

《徵文啟》所記載的人物，主要是革命志士、門生、儒生等。當然，這僅反映尢列交際網的一部分。

為便於理解，現概括區分為幾個類別如下：

第一，是最早期的革命志士。這些人包括前列「四大寇」其他三人、周昭岳、楊衢雲、謝纘泰、江恭喜等，主要是廣東人。這些人都是早年在廣州和香港認識的人。大家交往時年紀差不多，是平輩的關係。

第二，是泛義的革命志士，即革命同路人，不限於廣東人。《徵文啟》中的吳子垣、葉夏聲、黎蕚、翟美徒、朱少穆、宋居仁等便屬這一類。這些人可能比尢列年紀稍長或稍幼。

第三，是中和堂同仁，當中不少人加入了同盟會。《徵文啟》中的李少奇、李紀堂、黃明堂和關仁甫等便是中和堂的中堅。他們視尢列為中和堂領袖。

第四，是尢列的受業弟子，《孔教革命》一書的書前和書後列出了一連串的名字。筆者考證了其中一些人的身世，有些來自工界，有些來自商界，有些來自學界。例如梁源和來自工界、韋達來自學界等。

第五，是尢列在日本、南洋認識的朋友，有當地文人，以及在當地經商的華僑。前述池原東風屬前者，杜貫之、李嶧琴則屬後者。

第六，是中醫及儒生、尊孔人士。梁硯田、香港中華國醫學會同仁等是例子。

由以上的簡短分析，可見尢列交遊廣闊，朋友和門人橫跨不同界別和層面。尢列一生淡薄名利，真誠待人，所以換得許多知心友。

力維統一

日本一向對中國有領土野心。到了 1930 年代，日本對中國加緊進迫，先是 1931 年 9 月 18 日的九一八事變，然後是翌年的一二八淞滬事變，未幾又在東北成立滿洲國，接着是 1935 年的華北五省自治。一連串的舉動，削弱了中國的政治和經濟力量。尤列看在眼內，感到非常難過，故特在香港發電，希望海內外中國人民團結奮起，合力督促政府，積極抵禦外侮：

> 全國同胞，海外華僑，暨各地報館均鑒：昔者虜廷專政，民不聊生，諸先烈斷送幾許頭顱，流盡若干碧血，民國始克成之。斯時列以當道諸君，多屬匡時碩彥，自能指〔置〕國家於磐石、解民眾之倒懸，乃自告退。詎孫公逝世後，變亂頻仍，火熱水深，迄無寧歲，適與所期相反。邇來國事愈殆，岌岌將傾，言內政則離析分崩，言外交則喪權失地，蟲生於物腐，理有所必然。故東北則有傀儡政府起於前，而華北復有自治政府繼於後，喪地將及半，時間僅三年。敵方以預蓄之陰謀，推行無阻，勢必接二連三，於不久之將來，自將我國整個土地蠶食無餘矣。今事機緊迫，當局絕無憤發之心，或則徒事清談，或則尚言親善。當時應付東北之失計，姑置不言，即此次華北之變，政府亦無具體辦法，僅求敵人諒解，成立一所謂「冀察政務委員會」，實則名存實亡。當局之昏庸如此，敵人之猖獗又如彼，今後我國之存亡，惟視我同胞之團結如何耳！同胞乎，中華民國乃人民之國家，一切措施，當以民意為依歸，斷不

影撮念紀生先山中孫長事理迎歡日六月三年一國民部支濱橫日留黨民國華中

第一行

王守愚

馮裕芳

盧煒堂

黃經武

胡中民

孫作棟

宋輝如

李申蘚

黃之時

夏伯荃

翟美徒

陳大禮

鮑慶慈

周蜡雲

陸蟠

1913 年的翟美徒

圖片來源：品川仁三郎編：《孫文先生東游紀念寫真帖》（神戶：日華新報社，1913 年）
〈中華國民黨橫濱支部歡迎紀念撮影〉，無頁數。日本國立國會圖書館藏。

能任令三五私人斷送國土，列甚望全國同胞、海外華
僑，一致起來，督促政府，即下決心，與敵周旋。列雖
魯鈍，仍當本昔年革命精神，以應諸君之後，區區愚
見，尚希鑒諒，尤列拜啟。[31]

　　尤列閒居香港，明知自己只是一介草民，聲音微弱，但依然本責
善之道，希望中國人能夠警醒振作，可見他的救國之心，始終如一。

南天抱憾

　　祝壽、賀壽本為喜事，惜朱少穆因家藏祝尤列壽辰發起人名冊，
被陳濟棠等下獄，再遭處決。[32]

　　事情是這樣的。朱少穆晚年操律師業，已極少參與黨務。他與
革命元老多所往來，因感「故舊凋零，彌足感念」，故有興建革命老
人墳場之議，豈料卻遭廣東當局所忌。[33] 1936 年 3 月 7 日，以莫須有
罪名被捕，在公安局拘留四十九日，不許家人探望，各革命志士努力
營救不果。後胡漢民等元老介入，廣東方面雖表面上同意予朱少穆保
釋，實際卻置之不理，4 月 24 日下午更將他秘密處決。[34] 尤列在港聞
訊大慟，抑憤成病。[35]

　　廣東軍閥「南天王」陳濟棠素有叛志，一向蓄志反蔣，且篤信風

31　〈老革命家尤列通電指摘當局外交之失計〉，《天光報》，1935 年 12 月 18 日。
32　〈尤列事略補述一〉。
33　馮自由：〈革命逸史：朱少穆事略〉，《逸經》，1937 年，第 24 期，頁 1362–1363。
34　〈革命前輩朱少穆慘遭橫死今請昭雪〉，《香港華字日報》，1936 年 9 月 25 日。
35　〈尤列事略補述一〉。

水命理，對術士翁半玄等深信不疑。陳濟棠兄陳維周亦懂看相，説蔣滿臉烏氣。陳維周又請人扶乩，占得「機不可失」四字，更堅定了陳濟棠反蔣的決心，[36] 遂在 1936 年中聯合桂系軍人李宗仁、白崇禧發動「兩廣事變」。6 月 9 日，兩廣託辭組織抗日軍，下動員令。廣西部隊向湖南永州前進，直逼衡陽。10 日，蔣介石再電兩廣，勸令他們撤回軍隊，又令兩廣不應自由行動。[37] 兩廣異動實際上是衝着蔣介石而來，蔣當然不會坐以待斃，暗中運動了許多陳濟棠的幹部，令他們倒戈，削弱了陳的實力。7 月，陳濟棠下屬公開反陳。7 月 5 日，廣東空軍人員發表通電，反對廣東出兵，表示需服從中央。7 日，粵東區綏靖委員李漢魂（1895－1987）離職赴香港，且電陳濟棠，謂西南抗日，領導仍由中央。余漢謀亦公開倒陳。13 日，余獲派為廣東綏靖公署上將主任，兼第四路軍總司令，節制整理廣東全省軍隊。蔣介石以余漢謀代陳濟棠。18 日，廣東全體空軍投歸南京政府。[38] 陳見自己大勢已去，未幾下野。

一則因朱少穆為陳濟棠等所害，二則尢列不希望見到國家分裂，故尢在 7 月尾同時發電報予林森、蔣介石、孫科、居正（1876－1951）和于右任，謂「粵局奠定，民生復蘇可期，何圖桂省二三軍人，引寇自重，戀棧割據，頑礙統一，請即大張撻伐，以免蔓草難除」，[39] 明顯是針對李宗仁、白崇禧等人。稍後又發兩電予蔣介石，「力斥西南之非，請中央明令制止」。[40]

中央當局感謝尢列支持政府、力維全國統一的美意，且念及尢年

36　曹聚仁（1900－1972）：〈想起翁半玄〉，《大公報》（上海），1949 年 5 月 28 日。

37　黃仲文：《民國余上將漢謀年譜》（台北：台灣商務印書館，1990 年），頁 33。

38　《民國余上將漢謀年譜》，頁 33－34。

39　〈尢列電請中央討桂〉，《香港華字日報》，1936 年 8 月 1 日。

40　尢毅盦：〈歡迎尢少紈先生〉，《小日報》，1936 年 9 月 25 日。

高德劭，是孫中山碩果僅存的革命老戰友，故屢次邀請尤列赴京。尤
有感國難方殷，遂不計自己年老體衰，毅然上路。[41]

再會故人

　　1936年夏尤列北上。這一趟旅程和沿途起居飲食，是由國民政
府資助和安排的。8月28日，尤列乘克利扶輪總統號自香港抵上海，
同行有孫兒尤嘉從、秘書馬白眉、陳靜菴醫師等。赴碼頭歡迎的人
甚多，包括孫科代表、周秉華和譚海秋等百多人，持「歡迎尤〔尤〕
少紈先生」等旗幟。尤列年事已高，不耐舟車勞頓，暈船甚劇，下
船需由他人攙扶登小輪，從新關碼頭上岸，然後乘車往極司斐爾路
（Jessfield Road）秋圃休息。尤列在港身體不佳，又患目疾，擬在
上海休養，並延請名醫治病。尤列又公開表示，對國民政府能和平解
決西南問題，表示認同，「確是救國救民主張」，「本人極希望全國統
一，完成國選」，「尤盼於最短時期，能以全民的力量，挽救國難，此
實本人極大願望」。[42] 到了垂暮之年，他仍以國事為念。另外，他到上
海的另一原因，是因為對「陳濟棠事件，深致不滿」。[43]

　　此行原本只是短暫停留。尤列門人張文生回憶，在香港赴上海的
船上，尤對前來送船的張謂：「各人皆主張我北上，我不能不北上一
行，順便到紫金山謁一謁墓陵，我便南回，又與你們聚首一堂了。」[44]

41　〈尤列先生年譜〉，頁311。

42　〈歡迎尤少紈先生〉；〈中山先生老友尤烈由港到滬〉，《大公報》，1936年8月29日。〈悼
　　尤少紈先生〉，《小日報》，1936年11月14日。

43　〈名人生活：尤烈〉。

44　〈港中各界昨晨開會追悼尤列〉，《香港工商日報》，1936年12月21日。

老年尢列與家人合照，約攝於 1935 年前後。從左至右為幼孫尢嘉伊、次孫尢嘉從、兒媳陳
麗荷、中坐者為尢列、嗣子尢永昌、長孫尢嘉炎、三孫尢嘉博。

圖片來源：尢迪桓、尢曾家麗家藏照片

豈料，尤列這次是永別香江了。

9月7日，尤列出席革命元勳崔通約（1864－1937）在上海所辦的滄海學校之遷校開幕儀式，且在會上致祝賀詞：

> 校名滄海，滄海無邊。窮其涯際，為學亦然。崔君辦學，業已有年。力圖完善，覓地喬遷。精神形式，兩者兼全。涵濡灌溉，責任是專。人材蔚起，救國為先。馨香以祝，是所望焉。[45]

尤列這一賀詞仍是強調救國，可見尤對中國脈運之繫念。

尤列這次北上，備受隆遇。9月15日，他在南京中央廣播電台演講，談全國團結抗日的重要性：

> 全國各同胞、各位同志：兄弟十幾年來未有和各位見面，也久未和各位說話，思想起來，深為惆悵。今天得在首都中央無線電廣播電台向各位說幾句話，兄弟感覺是很快意的。可是因為年老，氣魄不夠，祇得簡單說說。
>
> 我們要知道，中華民國並不是很容易產生出來的，是賴許多先烈犧牲了無數頭顱，把他們的淚和血來染成的代價。民國成立了二十多年，在過去不幸頻頻受着封建殘餘勢力的蹂躪，弄到國家四分五裂，民眾陷溺於水深火熱之中，是中華民國徒有其名而無其實，可幸近年來賴本黨中央與各省同志不斷的努力、民眾不斷協助，

45 〈賀崔通約先生創辦私立滄海學校於上海致祝詞〉，《小園詩集》，收於《尤列集》，頁281。

結果直至今日才完成國家政令實際的統一，這是大家認為可喜的一回事。

但是因為過去國家分裂的緣故而播下外侮的種子，使我們國家在建設上發生很大的阻力。這雖然是任何國家在革命完成統一當中不可避免的階段，但若我們全國同胞意志仍不一致，行動不團結，步趨散漫而無秩序，則國力不能夠集中，是亦無法抑止外患的來臨，終陷中華民族於不可救藥也。

環顧現在國際間所顯示的情狀，似入於世界第二次大戰的前夕。我們中華民族是經幾千年優秀文化陶冶出來的禮儀之邦，無疑的是為現世紀世界和平的柱石。我們要本着祖宗遺留下來禮義廉恥智仁勇那般美德，用堅忍誠實的態度、沉毅果敢的精神，在中央領導之下，來負起我們消弭戰爭、福利人群的任務。我們同胞大家在這幾年來的苦悶，可謂達到極點。國內受着無情的天災頻來襲害，又加以強鄰無厭的侵奪，海外僑胞又受世界不景氣的影響而陷於顛沛流離，斯誠立國以來亙古未有的困厄遭遇。我們臨在這個境地，要怎樣才可以解決它呢？

譬如一排士兵臨到陣地，有些向東走，有些向西走，有些向右走，有些動也不動，那麼能夠履行他們所負的任務嗎？關於救國的方法很多，理由也很多，但是我們不能因你的方法理由好，就你行你的；我的方法理由好，就我行我的。那麼，又如弄飯一樣，你要煮的，你要炒的，我要燉的，別個要鐵鍋的，我要瓦罐的，這樣一天到晚都得不到飯食。

　　救國的方法理由也是一樣，所以我們必要以冷靜的頭腦消除私見，以齊一的步趨來處理國事。我們希望此後各地方的政令設施，對於中樞決不可再有分離的現象，這才可以打破這個國難的關頭。

　　關於對外方面，是「己所不欲，勿施於人」。我們祖宗所昭示的家訓是和平，我們幾千年來的國策方針也是和平。世界的和平使者，惟有我中華民族足以當之而無愧。但是在人家緊扼着我們的咽喉，使我們呼吸停息而致生命發生危殆時，大家應奉行以直報怨的聖訓，繼續先烈創造中華民國的精神，及年來為完成統一而犧牲將士的意志，來以實力保障公理，尤其是全國青年，要一致以鐵血擁護我們祖宗遺下的中華民國河山。[46]

　　尤列以生動的比喻、簡潔易懂的語言，鼓勵全國人民團結，全力以赴，抵禦外敵侵凌。

　　9 月 24 日，尤列由上海抵達南京。當時曾發表書面談話，謂南京是孫中山創立的首都，自己已有十多年沒有到訪了，此來是往謁陵，順便探訪舊友。他對當時的情況「一則以喜，一則以懼」，見到中央各領袖都能奮力做事，地方長官亦能體會中央之勞，盡忠職守。然而以中國的周圍環境而言，則不容樂觀，「正如初愈癩疾之小孩，坐在荊草上，前後均是蛇狼虎豹，為可懼耳。」[47]

　　26 日，尤列偕時為立委的馮自由和隨員等，往謁孫中山在南京的

46　〈大事彙述：革命先進尤列遺體在京大殮〉，《中央週報》，1936 年，第 442 期，頁 16–19。

47　〈尤列昨由滬抵京對國家情狀一則以喜一則以懼〉，《天光報》，1936 年 9 月 25 日。

陵墓，由馬湘（1889－1973）當司儀、行禮獻花後，尤列宣讀早已預備好的祭文：

> 維中華民國二十五年九月二十六日，尤列謹獻花致祭於孫總理我兄之靈曰：曩者公挈陳楊，並及於列。革命倡言，晨夕快悅。意氣相期，滿腔血熱。鼓吹游揚，大義斯揭。初事廣州，密謀竟洩。奔走海外，含辛如蘗。再接再厲，不可屈鐵。志士從風，洒幾許血。染成民國，清社以滅。維公之功，人誰敢竊。護法軍興，開府南越。邀參大計，遭讒嘴嚙。僅一相見，頓成永訣。宮灾奉安，恨未臨穴。抱玉悲號，知音絃絕。鶴齡少白，相繼摧折。撫茲一身，形單影子。矧丁國難，嚴重日切。覯閔既多，氣彌蘊結。紫金含煙，松楸凌雪。今來哭公，易勝感咽。謹獻好花，其歆芳潔。

尤列讀未及半，憶起故友種種，泣不成聲。[48] 當時「四大寇」只餘他一人在世，年少故友凋零淨盡，尤列內心那種悲涼和感觸，絕對不難想像。尤列曾謂「列與中山患難生死之交，有踰骨肉，無間幽明」，雖然中間因意見不合，各走各路，但二人「跡遠神親，久要不忘」，[49] 摯友情誼永在心中。

28 日早上，尤列往國府覲見國府主席林森，談逾一小時後離開。林森旋回訪尤列所居旅舍，彼此暢談舊事。時為立法院院長的孫科，

48　〈尤列昨日謁陵〉，《大公報》，1936 年 9 月 27 日；《尤列事略》，頁 97。

49　出自〈致汪精衛電〉，原文收錄在〈尤列針砭汪精衛蔣介石電〉。

以及梁寒操（1899－1975）、呂超等，均往探訪尤列致意。[50] 尤列是革命先進，且又是「四大寇」碩果僅存的一人，「不獨為國家之瑞，抑亦吾黨之光也」，所以尤列初到南京之日，差不多天天也有應酬。尤列在南京與老朋友張永福重聚，張曾賦詩一首，以誌二人的友誼：

> 久別重逢意若何，秋風老柳鬢絲皤。卅年冷暖資談助，一世胸襟付墨磨。
> 月落夜沉星聚斗，潮高岸促水盤渦。共來百軌同輪地，不效鄧侯事曳拖。[51]

尤列與張永福一別數十年。人生如白駒過隙，一轉眼間，兩人都垂垂老矣。尤列時年七十有一，張永福則是六十有四。

尤列在南京時，原本居於旅館，後國民黨中央秘書處租下洋房一幢給他。尤列在 10 月 14 日遷進新居。[52] 大概一個月後，他就在這處離世。

蔣介石曾在南京設宴招待尤列，據說尤曾向蔣提出一些施政建議。一、增開虎門為商埠。二、開辦全國礦務。三、整理全國海關，解僱外籍職員。四、整頓全國金融，改行金本位制。[53] 四項建議中，第三、四項最能切中時弊。中國當時號稱統一，然海關仍由英人梅樂和（Frederick Maze, 1871－1959）領導，雖然華人出任海關高級職員漸多，但外籍人士依舊佔據重要位置。另外，當時世界大部分國家

---

50 〈尤列昨謁林主席〉，《中央日報》，1936 年 9 月 29 日。
51 〈張永福贈尤列詩〉，《中央日報》，1936 年 10 月 6 日。
52 〈尤列遷入新居〉，《上海報》，1936 年 10 月 15 日。
53 〈尤列先生之遺囑〉，《小日報》，1936 年 11 月 18 日。

均行金本位，中國是少數行銀本位的國家。由此可見，尤列具前進的視野，思想絕不落伍。

長眠南京

尤列年事已高，到京後身體一直欠佳，「終日臥床不起」，「上下汽車，亦均由隨員左右扶持，雙足已不能自動步行」。[54] 他知道自己時日無多，在 10 月 27 日已預立遺囑：

> 今來首都，得眼見中華民國達於和平統一。余心欣慰之餘，回顧五十年前，我輩倡言革命，庶不負所期。惟內憂稍舒，外患日迫，政府非中央集權，無以渡其危難。至實行憲政問題，須俟對日國交完滿解決後方可。目下宜提倡孔道，以補法令之不逮。海外華僑過去協助革命有功之團體，甚望政府加以愛護維持。余一旦死後，喪葬從儉，不欲累及友朋之糜費。此囑。尤列。筆記者馬白眉、尹冶純。民國廿五年十月廿七日立。[55]

尤列遺囑主要談國家大事，惦念着海外華僑，談自己的身後事卻只得寥寥數句。

11 月 12 日下午，尤列喘疾突轉急劇，延至晚上 7 時 35 分不治。馮自由當日上午剛好往訪尤列，見尤病勢不重，仍能閒話家常，

---

54 〈尤列在京將向中央獻寶〉，《上海報》，1936 年 10 月 2 日。
55 《北洋畫報》，1936 年，第 30 卷第 1480 期，無頁數。尤列遺囑曾在多份報章登載。

不料下午 1 時尤呼吸突轉急促，雖經程立卿醫生治理，迄無起色，故家人等再延中醫葉古紅診治，且進人蔘湯，惜仍是救不了。13 日晨遺體安排在仁孝殯儀館入殮。[56]

尤列的大殮 1936 年 11 月 16 日在南京仁孝殯儀館舉行。參加弔祭者甚多，其中包括中央委員吳稚暉、洪蘭友（1900－1958）、馬超俊（1886－1977）、張道藩（1897－1968）、張厲生（1901－1971）、陳樹人（1884－1948）、焦易堂（1879－1950）、賀耀祖（1889－1961）、葉楚傖（1887－1946）、褚民誼（1884－1946）、蔣作賓（1884－1942）等，以及國民政府文官長魏懷、參軍長呂超，以及尤列生前好友合計百餘人。下午二時，宣告舉行大殮，由吳稚暉主祭，引領全體出席者向尤列靈前行禮，然後獻上花圈和默哀，宣讀尤列遺囑，讀完之後，全體繞棺，瞻仰遺容，隨即成殮。尤永昌偕尤列孫兒向來賓叩謝。[57]

尤列死後，四方輓聯紛紛而至。其中崔通約這一輓聯，感人至深：

> 同患難，造共和，何圖抱病謁陵，竟與總理誕辰悲一旦。躋古稀，甘貧賤，回憶興中起義，驚聞令公逝世足千秋。
>
> 論年齡長公一歲，論革命輸公一籌，何竟後我而生，先公而死。講孔子是世同情，論耶穌非世同調，詎能造黨無罪，開國有功。
>
> 公年七二我七三，革命從來性格耽。多病古人千古恨，無憂頑老九秋諳。謁陵豈憚風濤險，開國曾經美法

---

56 〈革命先進尤列昨在京病逝〉，《天光報》，1936 年 11 月 13 日。
57 〈大事彙述：革命先進尤列遺體在京大殮〉。

《天下為公》電影海報，1937 年。
圖片來源：尤迪桓、尤曾家麗拍攝照片。
廈門華僑博物館藏。

尢列遺囑
圖片來源：《北洋畫報》，1936 年，第 30 卷第 1480 期，無頁數。

參。四皓於今歸樂土，不收失地痛何堪。

公是中和我致公，洪家如虎復如龍。驅除醜虜旗先舉，抒發雄文筆最聰。難得功成身獨退，不堪年老境仍窮。首都平地雷聲震，順德中山望並隆。[58]

崔通約這一輓聯，扼要地概述尢列的一生。最後一句「順德中山望並隆」，更是將他放在和孫中山同等的位置上。

孫中山兒子孫科發了一個唁電予馬白眉：

南京立法院轉馬白眉先生鑒：驚悉少紈先生遽謝人寰，國喪元勛，何勝愴悼。治喪事，請兄先與楚傖先生會商組織委員會。籌備種種，科不日返京，尢世兄處，並望代致唁為感。孫科元。[59]

後來孫科更曾出資為尢列鑄像。[60]
孫中山女婿戴恩賽（1892－1955）亦有向尢家發唁電：

南京仁孝殯儀館尢少紈先生治喪處轉尢先生家屬禮鑒：先生以革命先進，贊助和平，功在黨國，載聞噩耗，薄海同悲，謹電馳唁，尚希順變節哀。勉襄大事。粵海關監督戴恩賽寒印。[61]

---

58 羅鎮開：〈七三叟崔通約悼尢烈先生〉，《晶報》，1936 年 11 月 16 日。「公是中和我致公，洪家如虎復如龍」二句，說明崔通約也是洪門中人。
59 〈大事彙述：革命先進尢列遺體在京大殮〉。按，「元」是指 13 日。
60 〈尢烈將公葬無錫孫科為捐款鑄像〉，《香港華字日報》，1937 年 3 月 21 日。
61 〈大事彙述：革命先進尢列遺體在京大殮〉。按，「寒」是指 14 日。

蔣介石則發唁電曰：

> 南京軍事委員會姚處長味辛兄譯轉尤少甫先生禮
> 鑒：接誦訃電，驚悉尊翁逝世，吾黨耆碩，益感凋零，
> 至深悼痛。執事遭此大故，尚祈節哀自重，謹此電唁。
> 蔣中正叩寒印。[62]

同輩稍長的唐紹儀則發唁電云：

> 南京中央黨部轉尤少紈先生家屬禮鑒：少紈先生遽
> 歸道山，天不憖遺，痛悼何似。尚希節哀順變，以襄大
> 事，專電致唁。唐紹儀叩元。[63]

12月6日，尤列公祭在九龍廣東道大成學校舉行。這個公祭是家奠，故到祭者多為尤列門人或生前朋友。尤列雖為革命元勳，但因生前沒有一官半職，故只能安排公葬。姚雨平（1882－1974）、姚琮、孫科、馬白眉、馬超俊、梁寒操、許崇灝、馮自由、葉夏聲、蕭芹等多人合組尤少紈公葬籌備處，先撥五千元治喪，不足之數由籌備處向廣東政府請求補助。[64]

尤列在港友好和門生眾多。12月20日，各界人士出席在香港培德中學舉行的追悼大會。各界人物出席者逾百人，禮堂事先佈置，中懸尤列遺照，堂內放了花圈輓聯，遺照前陳列鮮花酒醴，該校校務主

62 〈大事彙述：革命先進尤列遺體在京大殮〉。
63 〈大事彙述：革命先進尤列遺體在京大殮〉。
64 〈昨日港人公祭尤列〉，《香港工商日報》，1936 年 12 月 7 日。

任馮義修主席、校長張文生主祭。先由主席宣佈召開追悼大會的原因，繼而演奏哀樂，向遺像行三鞠躬之禮，再宣讀祭文，默哀三分鐘，唱黨歌，宣讀尤列事跡。張文生和葉蘭泉（1868－1946）亦分別有演說。[65]

1937 年 6 月 29 日，尤列遺體下葬南京郊外之麒麟門外小白龍山，與先友徐紹楨為鄰。[66] 1946 年 11 月 12 日尤永昌與冼江往拜祭尤列墓時，墳墓業已殘破不堪。嗣後歷經戰亂，再加上尤列後人多居香港，尤列墓深埋芳草丘墟之中。及至 1985 年，尤列孫尤嘉博正準備編輯《尤列集》，以紀念尤列逝世五十周年，乃囑其幼子尤迪桓按文獻記載到南京嘗試尋找尤列的墓地。當時尤迪桓因業務需要，常往來南京，遂在某週末往麒麟門察看。皇天不負有心人，在當地幸得一孫姓小兵和村民幫助，終找到尤列墓地所在。

尤迪桓在確定尤列墓地位置之後，便委託南京飼料公司何姓經理安排重修事宜，由尤嘉博及尤嘉伊合資三千元人民幣作修墓之費。另外，又因當年由孫科親自提字之墓碑早已不存，尤嘉博乃親題「廣東順德尤列先生之墓」十字。重修尤列墓則由尤迪桓主理其事。墳墓於 1985 年秋落成，尤家後人遂於 1986 年清明時回南京祭祖。

2005 年，尤迪桓一家三口在復活節假期往南京掃墓，得南京市僑務辦公室副主任接待並驅車前往墓地，發現原墓已破爛不堪且雜草叢生，遂萌生重修墓地之念。尤家於是與南京市僑辦商議，並得到他們與當地政府支持，代安排修葺之事。2006 年 4 月 15 日上午，尤列墓地修繕完成儀式正式舉行。南京市僑辦負責人、江寧區、湯山區及麒麟鋪村負責人、廣東順德外事僑務局代表和居於澳洲及香港的尤家後

---

65 〈僑胞昨晨開會追悼尤列到者數百人〉，《天光報》，1936 年 12 月 21 日。

66 飛龍：〈尤列之葬〉，《鐵報》，1937 年 7 月 2 日。

人均有出席。

詒澤後世

　　尤列在 1936 年 11 月 12 日逝世。1937 年 7 月 7 日，盧溝橋事變起，尤家後人有見「革命遺孤，多屬清寒，避難香江，無力求學」，因此想到在香港創辦一所中學「培育遺孤」。該校名為「尤列紀念中學」，校長為尤永昌。蔣介石為學校題校額，林森則書校訓，以示支持。1941 年，尤家後人向香港社會呼籲各界勸捐，以擴充校舍和增購圖書及儀器。[67]

　　至於在名譽校董方面，更是陣容鼎盛，集一時之俊彥，反映尤列名望之隆，極具感召力，可見他生前交誼之一斑。其中包括尤崧、尤澤生、王正廷、王棠（1890－1952）、王曉籟（1886－1967）、伍宜孫（1900－2005）、伍蕃、何啟澧、李少樓、李仙根、李濟深、杜月笙（1888－1951）、杜其章、周啟剛、周醒南、林培生、林警魂、金曾澄（1879－1957）、胡文燦、韋達、唐福屏、徐偉卿、翁照垣（1892－1972）、高亮清、張澤安、張瀾洲、梁彥明、梁源和、郭尚賢、陳承寬、陳垣初、陳炳權（1896－1991）、曾伯鎏、曾養甫（1898－1969）、溫仲良、溫壯修、葉蘭泉、鄒魯、劉石心、盧光功、盧怡若（1884－1985）、霍寶材、謝家寶、羅卓英（1896－1961）、羅偉彊、譚進、關仁甫。[68]

　　王正廷、李仙根、曾養甫、鄒魯等是政治家；金曾澄、陳炳權等

67　〈尤列紀念中學校徵求圖書儀器引言〉，《香港商報》，1941 年，第 154 期，無頁數。

68　〈尤列紀念中學校徵求圖書儀器引言〉。

是教育家；王曉籟、葉蘭泉、謝家寶等是富商；李濟深、翁照垣、羅卓英等是軍人。王棠既是革命元勳也是香港富商、[69] 伍宜孫是永隆銀行創辦人、[70] 杜月笙是上海教父青幫大佬、盧怡若是澳門大賭商盧九（1848－1907）的兒子、[71] 霍寶材是廣東大賭商霍芝庭（1877－1939）的兒子[72]……單舉這些例子，便可見尤列相識滿天下，甚至到了死後仍然得到很多人的尊重，願意出任名譽校董。

尤列生前曾自撰輓聯如下：

壯志我未酬，破杖殘書無長物。遺文誰忍讀，短絃急節有餘哀。[73]

聯文足為尤列一生之寫照。他早年生活舒適優渥，華衣錦食，青壯年以後為了革命理想，顛沛流離，晚年生活清苦而充實。尤列在最後的日子得見眾多故人舊友，一睹河山新貌，備受政府禮遇，餘哀早已化輕煙，相信可以含笑九泉了。

69　〈港商王棠病逝遺體明日出殯〉，《香港工商日報》，1952 年 1 月 7 日。

70　〈永隆銀行九龍分行開業〉，《華僑日報》，1963 年 9 月 29 日。按，香港中文大學現設有伍宜孫書院。

71　〈盧怡若兼為外交顧問〉，《香港華字日報》，1915 年 11 月 22 日。

72　〈霍芝庭昨逝世〉，《香港華字日報》，1939 年 10 月 12 日；老生：〈粵富豪霍芝庭逝世〉，《晶報》，1939 年 10 月 21 日。

73　〈昨日港人公祭尤列〉。

尤列兒媳、眾孫與妻兒合照。後排左起為尤列三孫尤嘉博、幼孫尤嘉伊。中排左起為尤嘉博妻子盧潔萍、尤永昌妻子陳麗荷、尤嘉伊妻子林群英。前排是尤嘉博長子尤迪光。

圖片來源：尤迪光提供

尤列兒媳、眾孫與妻兒 1949 年前後攝於香港九龍塘，背景為瑪利諾修院學校。後排左起為尤嘉博、次孫尤嘉從、尤嘉伊。中排左起為盧潔萍（手抱尤嘉博三子尤迪中）、陳麗荷、尤嘉從妻陳劍釗、林群英（手抱尤嘉伊長子尤迪華）。

前排左起為尤迪光、尤嘉博二子尤迪安。

圖片來源：尤迪光提供

年青時的盧潔萍
圖片來源：尤迪安提供

尤迪光、尤迪中、尤迪安童年合照，攝於 1940 年代末。
圖片來源：尤美韶提供

尤嘉博、尤嘉伊兒子童年合照。左起尤迪安、尤迪中、尤迪華、尤迪光。
圖片來源：尤美韶提供

**尤嘉博、尤嘉伊子女童年合照，攝於 1950 年代初。左起尤嘉伊二女尤鳳韶、尤嘉博四子尤
迪桓、尤迪華、尤迪中、尤迪安、尤迪光。**
圖片來源：尤美韶提供

尤嘉博眾子女合照，攝於 2002 年 3 月。左起尤迪光、尤迪安、尤迪中、尤迪桓、尤嘉博五女尤曼韶。
圖片來源：尤迪安提供

2018 年 8 月，尤嘉博百歲冥壽前半年，五兄弟妹相約在澳洲墨爾本團聚。攝於澳洲墨爾本杜鵑山莊 Olinda Tea House。左起尤曼韶、尤迪桓、尤迪中、尤迪安、尤迪光。
圖片來源：尤迪桓、尤曾家麗家藏照片

尤嘉博家庭合照，攝於 1983 年。後排左起尤迪中、尤迪中妻子葉瑩璣、尤迪桓、尤曼韶、尤曼韶丈夫陳盛良。
前排左起尤迪安（手抱長女尤慧思）、尤迪安妻子吳婉茜、盧潔萍（手抱尤迪安幼子尤克文）、尤嘉博、尤迪光妻高美灼（手抱尤曼韶長女陳穎琳）、尤迪光。
圖片來源：尤美韶提供

尤迪光家庭合照，1985 年 1 月 20 日攝於尤迪光位於淺水灣的宿舍。是年尤迪光從澳洲調回香港，在家中招待各人。
後排左起尤迪光、尤迪中、葉瑩璣、尤迪桓未婚妻曾家麗、尤迪桓、尤曼韶、陳盛良。前排左起高美灼、盧潔萍（手抱尤迪中女尤慧鈴）、尤嘉博（手抱陳穎琳）、尤嘉伊、林群英。最前排為尤克智、尤克明。
圖片來源：尤美韶提供

尢列後人合照，1987 年 12 月攝於尢迪桓、尢曾家麗干德道家中。
圖片來源：尢迪華提供

尢迪光和尢嘉博等合照。尢迪光調回澳洲後，因公務仍需往還香港、墨爾本兩地，返港期間為尢嘉博慶祝生日。後排左起尢迪桓、尢迪光、陳穎琳。前排左起尢克競、尢嘉博、陳思穎、尢曼韶。
圖片來源：尢曼韶提供

尢嘉博與家人合照，1998 年 8 月攝於澳洲悉尼。後排左起尢迪中、葉瑩璣、尢曼韶、
吳婉茜、尢迪桓、尢曾家麗、高美灼。前排左起尢迪安、尢嘉博、尢迪光。

圖片來源：尢迪安提供

尢嘉博眾孫在澳洲悉尼留影，攝於 1998 年 8 月 29 日尢嘉博八十大壽。後排左起尢克
明、尢克文、尢慧思、尢克智、尢慧鈴、陳穎琳、尢克競。前排左起尢慧雪、陳思穎。

圖片來源：尢迪光提供

尤嘉博與家人合照，2001年攝於尤嘉博新寶翠園家中。後左起尤迪光、高美灼、尤曼韶。
前左起尤迪桓、尤克明、陳思穎、尤嘉博、陳穎琳。
圖片來源：尤曼韶提供

尤嘉博與孫兒及外孫女合照，2000年聖誕節攝於尤迪桓、尤曾家麗家中。左起尤克
明、尤嘉博、陳思穎、尤曼韶，後立者為陳穎琳。
圖片來源：尤曼韶提供

尤嘉博、尤嘉伊夫婦及眾子女參加飲宴，攝於 1970 年代。後排左起尤嘉伊、尤嘉伊五女尤
敏韶、三女尤倩韶、尤鳳韶、尤鳳韶丈夫周其偉、陳盛良、尤曼韶、尤美韶丈夫麥志賁、
尤嘉伊四女尤美韶。前排左起尤嘉從妻子龍秀群、林群英、尤迪安、吳婉茜、盧潔萍。

圖片來源：尤美韶提供

尤嘉博家人合照，1998 年 12 月 21 日攝於尤氏宗祠。左起尤克
明、尤嘉博、尤克競、尤曾家麗、尤迪桓，前立者為陳思穎。

圖片來源：尤曼韶提供

2019 年 11 月 26 日尤列後人在順德北水尤列故居前留影。當日在順德北水尤列故居進行揭牌儀式。故居早在 2006 年修繕完成，保留了嶺南傳統磚雕藝術的特色。

圖片來源：尤迪桓、尤曾家麗家藏照片

尤迪光在尤列故居前留影
圖片來源：尤迪桓、尤曾家麗家藏照片

尤列後人合照。2008 年 3 月 30 日攝於順德北水新基坊尤鶴齡家中。後懸掛像為尤鶴齡祖
父母尤其傑和羅四小姐官服照。左起尤迪桓、尤曾家麗、尤列堂孫尤鶴齡、尤迪光、高美
灼、尤迪華妻子麥秋霞、尤迪華、尤鶴齡子尤志平。尤鶴齡父子守護尤列故居多年。花園
大宅今已不復見，僅前錫菴書墊的舊建築得以保留下來。

圖片來源：尤迪華提供

**1985 年尤迪桓在新
修尤列墓前留影**
圖片來源：尤迪桓、
尤曾家麗家藏照片

2015年11月兩對新婚夫婦尤書航、李凱鳴（前排右一、二）和麥嘉言、胡玉君（前排右三、四）與表姊弟妹陳思穎、陳穎琳、尤克兢（前排左一起）結伴拜祭太公尤列。與同行長輩（由左至右）尤書航岳父李伯順、岳母衞錦蓮、尤曾家麗、尤迪安、吳婉茜、葉瑩璣、尤迪中、高美灼、尤迪桓、尤曼韶、尤迪光、尤書航父尤迪華、母麥秋霞、麥嘉言母尤美韶、父麥志賁合照留念。

尤列後人在尤列墓前留影
圖片來源：尤迪桓、尤曾家麗家藏照片

尤列後人在無錫惠山古鎮尤袤簡文公祠合照，攝於 2015 年 11 月紀念尤列一百五十周年誕辰之旅。尤列長曾孫尤迪光（圖中）帶領二弟尤迪安、三弟尤迪中、四弟尤迪桓、五妹尤曼韶及堂弟尤迪華、堂妹尤美韶及家中各人到訪該祠。尤列別號「吳興季子」源於祖先、宋詩四大家之一的尤袤（1127－1194）。今故居仍保留了遂初堂和萬卷樓，在天下第二泉旁。

圖片來源：尤迪桓、尤曾家麗家藏照片

尤迪光童年照
圖片來源：尤迪光提供

尤迪光兒子童年合照。左起尤迪光幼子尤克智、長子尤克明。
圖片來源：尤迪光提供

尤克明與新婚妻子 Ruth Nimbargi 回港宴請親友，攝於 2004 年。中間右六為尤克明、
右五為 Ruth Nimbargi。前排左起為尤家第十八世長輩尤洛君、尤嘉煊妻子鄧麗璋、尤
旺好、尤嘉伊。最前排和最後排為尤家第十九世、二十世曾孫、玄孫。
圖片來源：尤美韶提供

尤迪光孫女合照。右起為尤克
智長女尤霈儀 Aurielle Anna
Willison Yau，左為尤克智
幼女、尤霈儀孿生妹妹尤霈倩
Ettienne May Willison Yau。
圖 片 來 源：Matthew Yau 及
Michaela Willison 提供

尢迪安墨爾本大學博士畢業照，
攝於 1990 年。
圖片來源：尢迪安提供

尢迪安在武當山山頂練劍照
圖片來源：尢迪安提供

尤迪安家庭合照，慶祝尤嘉博八十大壽，1998 年 8 月 29 日攝於澳洲悉尼。左起尤迪安、尤克文、尤嘉博、尤慧思、吳婉茜、尤慧思丈夫 Anthony Davie。
圖片來源：尤迪安提供

尤靄媚 Amelie Davie
Daughter of Lana Yau and Anthony Davie
圖片來源：Lana Yau and Anthony Davie

尤迪安孫女合照。後為尤克文長女尤美德 Madeline Claire Hobley Yau，前為尤克文幼女尤瑾瑜 Chloe Ryan Yau。
圖片來源：Paul Yau 及 Melissa Hobley 提供

尤迪中家庭照。左起尤慧鈴、尤迪中、尤嘉博、葉瑩璣，前立者為尤慧雪。

圖片來源：尤迪中提供

尤嘉博與尤迪中、尤迪中長子尤建偉合照，攝於 1989 年 2 月 25 日。左起尤迪中、
尤建偉、尤嘉博。

圖片來源：尤迪中提供

尤迪桓童年照，攝於西環寶翠園家中。
圖片來源：尤迪桓、尤曾家麗家藏照片

**尤嘉博家人合照，1991 年夏攝於舊寶翠園家中。後面有尤永昌及尤永昌夫人陳麗荷
黑白照。左起尤迪桓子尤克競、尤曾家麗、陳穎琳、尤曼韶。**
圖片來源：尤曼韶提供

尤嘉博家人合照，攝於 1991 年夏。左起陳穎琳、手抱小孩為尤曼韶女兒陳思穎、尤曾家麗，前立者為尤克競。

圖片來源：尤曼韶提供

尤迪桓家庭合照，2009 年 11 月攝於順德北水尤氏宗祠。左起尤曾家麗、尤克競、尤曾家麗妹曾家慧、尤迪桓。

圖片來源：尤迪桓、尤曾家麗家藏照片

**尤克競畢業照，2009 年 11 月攝於順德北
水尤氏宗祠。**
圖片來源：尤迪桓、尤曾家麗家藏照片

**尤迪桓與家人，2010 年在香港中山公園「四大寇」造像前留影。銅雕像為藝術家朱達誠先生
及其高足的作品。左起尤迪桓、尤曾家麗、尤曾家麗母曾春桂、尤曾家麗父曾憲養、曾家慧。**
圖片來源：尤迪桓、尤曾家麗家藏照片

尤迪桓、尤曼韶合照今昔對比。
上為尤迪桓、尤曼韶童年照，
1950 年代攝於兵頭花園（即香
港動植物公園）。
下為尤迪桓、尤曼韶合照，
2020 年 5 月 5 日攝於同一位置。
圖片來源：尤迪桓、尤曾家麗家
藏照片

尤嘉博與尤曼韶一家合照，2001 年攝於尤嘉博新寶翠園家中。左起尤嘉博、陳穎琳、陳思穎，後立者為尤曼韶。

圖片來源：尤曼韶提供

尤嘉伊
圖片來源：尤迪華提供

尤嘉伊子女合照，約攝於 1970 年至 1973 年間。左起尤美韶、尤倩韶、尤迪華、尤鳳韶、尤敏韶。
圖片來源：尤迪華提供

尤嘉伊與五名子女及眾孫於土瓜灣盛德街家中，攝於 1995 年 7 月 2 日。後排左起為尤嘉伊、麥志貴、尤美韶、尤倩韶、尤鳳韶、麥秋霞、尤迪華。前排左起為尤敏韶、尤鳳韶子周浩輝、尤倩韶子劉平之、尤鳳韶女周頌恩、麥嘉言、尤書航。
圖片來源：尤美韶提供

尤嘉伊兒女合照，2016 年 10 月 24 日攝於中國四川海螺溝冰川森林公園。尤倩韶與家人移居四川成都。2016 年尤倩韶邀請兄妹到訪當地，並一同前往著名的海螺溝遊覽。從左起尤倩韶、尤迪華、尤鳳韶、尤美韶、尤敏韶。
圖片來源：尤迪華提供

尤迪華一家假日在西貢燒烤郊遊，攝於
1980 年代初。左起尤嘉伊、麥秋霞、
林群英、尤迪華、尤書航。
圖片來源：尤迪華提供

尤迪華家庭合照，攝於 1989 年。左起麥秋霞、
尤書航、尤迪華
圖片來源：尤迪華提供

結　語

　　尤列一生，可說是曲折傳奇。他出身於順德富家，本該過着優遊閒適的生活。但是命運令他遇上老師陸南朗。陸向他曉以民族大義，着他一生緊記「湯武革命，順乎天而應乎人」一句。尤列當時雖然猶在稚齡，未能完全明白老師的意思，但在他的腦海中，已種下革命的種子。

　　到他年紀稍長時，隨着遊歷中國和日本等地，令他見聞漸廣，對中國各地山川形勢有了概括的認識。後來在偶然之下加入洪門，令他對陸南朗之教誨有所領悟；在旅途上亦看到列強對中國步步進迫，更激發他的民族主義思想萌芽滋長。

　　尤列好學深思，不斷尋師訪友，希望能為中國富強尋找良方。在香港，他與新知舊友孫中山、楊鶴齡、陳少白在楊耀記臧否時政，雖被時人譏為荒誕絕倫、語多不經，但在互相議論當中，尤列革命志更堅。在他的思想中，已隱隱可見一些革命藍圖了。他又認識志同道合之益友如楊衢雲和謝纘泰等，彼此一拍即合。

　　逮興中會成立、乙未廣州起義等，尤列均曾有所參與。他正式成為革命派的一員。他告別家人，走上了流亡海外的道路。1897年，尤列不忍看見革命中輟，遂冒險回港，在西貢組織中和堂。之後尤列東渡日本宣揚革命，在當地擴充中和堂的規模。

到了二十世紀初，尤列轉赴南洋，在新加坡懸壺濟世，親近百姓，傳揚革命真諦，同時又開堂講學，講授孔道。尤列在南洋積極擴展中和堂，分堂遍佈檳榔嶼等地。尤列在新加坡策劃革命，又曾潛赴安南，支援河口起義。1909 年，因受革命軍人在新加坡滋事所牽連，在珍珠山下獄。出獄後赴暹羅，繼續從事革命運動。

辛亥革命前夕，尤列秘密回國，策動起事。1911 年武昌首義後，清政府大勢已去，翌年清帝遜位，尤列奮鬥多年，一朝圓夢，終見帝制覆亡。

鼎革之後，尤列功成不居，息影泉林，迎來了一段安逸閒靜的時光。1914 年至 1920 年間旅居扶桑，一住六年，期間埋首讀書著述，編成《四書章節便覽》等書。1921 年，尤列在廣州與「三大寇」重逢，再會舊友。嗣後定居九龍，創辦皇覺書院，宣揚孔道及倫理救國，門人將其講學內容輯成《孔教革命》一書，乃尤列一生學問的大成。尤列更為籌建孔聖堂奔走呼籲，不遺餘力。

晚年尤列生活清苦，縱使年老體虛，仍需扶杖行醫，維持微薄生計。尚幸尤列人緣甚佳，常有好心人接濟。1935 年各人念及尤列革命汗勞及年高德劭，為尤列七旬頌壽。

1936 年，尤列北上南京，再會故人，悲欣交集；更曾往孫中山靈前致祭，回憶摯友種種，哀傷難抑。尤列身體本已不佳，自知時日無多，10 月時即立下遺囑，惟多語不及私，一心以國事為念。

1936 年 11 月 12 日，尤列與世長辭。這一天亦是孫中山的生忌。

「哲人日已遠，典型在夙昔」，讀者在香港中環段的孫中山史蹟徑散步慢走，當能懷緬孫中山和尤列等「四大寇」當年的聲音面貌。篳路藍縷，本非易事；追念先賢，永誌不忘。

謹以此書，紀念尤列誕生一百五十五周年。

附　錄

尤烈先生講詞

　　按：尤列一生視孔道為人生圭臬，本文是尤列在中
華聖教總會的演講，闡述他對孔道的見解。尤列平生甚
少作演講，故這篇講詞彌足珍貴。現重新校訂、標點全
文，以饗讀者。

　　鄙人奔走數十年，學術生疏。今承中華聖教總會之召，演講孔
道，本不敢當，但欲與諸君藉以研究而已。今講題為「孔教與中
國之關係」，何以故？因無孔教則無中國，但欲保中國，則先保孔
教，而保教必先向《四書》研究。蓋孔子刪《詩》、《書》，述而不
作，惟集前聖之大成，以《論語》一部，則孔子之微言大義，多盡
於是，其餘則《大學》、《中庸》等書。

　　故研究孔道，在於研究《四書》，而研究《四書》，則先在《論
語》。今以簡單言之，則不外倫理，由倫理而及物。惟人與物同，

所謂「名不正則言不順」，是以倫理為先。今以《四書》而論，其中多為倫理政治之學，而以教育學為導。世人有以孔教為宗教之說，孰知大有不然。須知孔教為人道設教，毋論在家庭社會、朝野上下，無一不可行。是以欲研究孔教，當不外明體達用，又所謂通經致用可矣。更有以佛道之心性以為孔道。夫心性為天道功夫，子貢云：「性與天道，不可得而聞也。」孔道論性，祇謂「性相近，習相遠」而已。可知孔道唯求實際，無一不可坐言起行。今以《論語》「弟子入則孝，出則弟，汎愛眾，而親仁，行有餘力，則以學文」一章而論，為孔子教世之為人父母者，其訓子弟以學文在後，可知以倫理為體，以政治為用矣。

但今日竟有倡言廢孔教、禁經書之謬論，謂孔道與民國政體抵觸，言之似為有理。此何以故？如鄭康成、馬融、何宴〔晏〕等輩註疏經書，當時為尊君時代，解之者每有偏重之虞，致多誤解。今之所謂孔道不合民國者，實為誤解經書所致，誠為二千餘年未反之大案。吾人苟能覆按經書，研求其實，則民國平等之說，孔子已先言之。今之所謂民國政體，不啻為孔子之創始也。以湯武之革命，武王當時謂「予有亂臣十人」之語。以漢、宋兩代經生，皆以亂臣作治臣解，抑知湯武為世之大英雄，光明磊落，自知以臣伐君為亂，乃自認為亂臣。故有「予有慚德」一句，慚者愧也，是亂字不能作治字而解。但湯武革命，孔子謂為順乎天應乎人，是革命之舉，孔子早已許可。夫一國之革命，則必先有為之舉難作亂，而後可以革命也。吾人讀書，當發其精微之蘊，而類推其餘，然後可以保教；先保教，而後可以保國也。

（中略）但孔子之道，實為平等揖讓之道。當孔子刪書，以唐堯揖讓為重，是以有「惟天惟大，惟堯則之，蕩蕩乎！民無能名

焉」。其贊堯之深，已可知孔子之心。今日之民國選任總統，非揖讓而何？考諸經書，孔子已倡言平等主義矣。吾人誤解經書，迄今二千餘年，欲平反此案，非巧〔考〕正經書不可。

（中略）吾人讀書焉可忽略，以古疏之誤，其中適足以亡教，教亡而國且不保也。夫孔道之主要，不外倫理、政治、教育三科，如布帛、菽粟、水火，為人所必需，不可以一日離，而研究之法，尤不以一日輟也。

鄙人於廿六、七年前，曾得嚴祐〔又〕陵之赫胥黎譯本，其序文有云，英名學家△△△謂欲考一國之語言，非通數國文字不可。鄙人讀之，以其為非的論，今始知果然也。綜觀外國人今日所譯我國之經書，對於句解及事實上，彼已揣摩詳晰，較吾人之研究更切。如《中庸》第十九章，〈哀公問政〉「有夫正也者，蒲盧也」之句，以朱註所解，則以蒲盧為小草之易生；以鄭註解，則謂蒲盧為蜂虫之類，《詩》所謂「螟蛉有子，蜾蠃負之」，以比為政當與人同化之意。惟鄭註尚未若西人之解義切，當為蜾蠃非取螟蛉之子，係取卵而為蜾蠃之成〔飼？〕料，於同化之處，似覺詳盡。故研究孔道，亦不得不旁及西文，以資參考。今西人研究東方之學術，刻已不遺餘力，而吾人於固有之學，竟不致力研究，誠未知孔教之與中國之關繫也。鄙人於外國文字，未嘗熟習，祇知大略，且得朋輩每為之繙譯，因稍識其一二，但見其有益於我者，特欲介紹為諸君研究之。惟時間短促，不能盡錄，貢獻諸君之前。但吾人欲提倡孔教，當認定孔教為人道設教，非天道功夫，故行之易易。外教雖有可取，而救中國則未若孔教之為功矣。蓋孔教未嘗有神奇之說，人盡可為，苟人能盡倫常之道，則莫非孔教之道也。且中國人之奉外教者尚少，而孔教之徒所在皆有，但從人道入手，不難遍諸全國。

余謂欲保中國，必先保孔教；欲保孔教，必先研究《四書》，使人人知孔子之揖讓平等主義，存其孝悌忠信禮義廉恥人道之心，則我國尚復有如是之亂，擾攘終日耶？質諸高明，祈有以教之，幸甚。

《樂天報》，1923 年第 52 期，頁 18－22。

尤烈先生一席談

1925 年 3 月 12 日，孫中山逝於北京。香港西報曾派員訪問尤列。本地及海外部分報章亦曾轉載訪問記錄的若干內容。本文輯自 1925 年 3 月 26 日的《香港華字日報》，是比較完整和詳細的記載。讀者可由此了解尤列對孫中山的一些看法。惟尤列受訪時部分談話內容出於事後追憶，容或有誤。這一方面還請讀者諒察。

尤烈先生為革命先進，孫中山病篤時，曾有以尤君繼任總理之說。尤君向旺角閒居，著書自娛。西報訪員曾與其談話一次。訪員昨得友人介紹，得瞻丰采，茲錄談話如下：

問：孫中山病危時，有屬意先生為其繼任總理，未審已有接到明文否？

答：未也。

問：然則先生肯繼任國民黨總理否？

答：余現在不能決定，因目下尚著一書，須竟其全功也。

問：足下與孫中山先生同事若干年？

答：吾與孫中山合作有四十餘年，當初本為好友，後方從事革命，組織興中會，取「中國振興之意」。其時會中同志能辦事及情投意合者，不下百餘人，其餘中下級之人等不知凡幾，尤以南洋及南北美洲之工商界為多。

問：聞又有名「致公堂」者與興中會是否同為一派？

答：否。致公堂即洪門，由明末清初佔據台灣之鄭成功所發起，其初本名為「天地會」，設在廈門，後因辦事失敗，改名「洪

門」。吾與孫中山十餘歲時，則〔即〕入洪門，係在上海入者。長江上下游皆有洪門之會友，惟後吾見洪門中有許多人不守地方法律，所以吾人又改組革命黨，組興中會。至於致公堂民國初年亦有一大部分加入，其中以南北美洲之人為多。洪門會乃以反清復明為宗旨者，惟吾人以其尚含有皇帝意味，不若吾人所持反清復民之為愈，此興中會所由組。乙未年在廣州起義，九月初九失敗，遂出亡。迄今回憶已三十年矣。吾人出亡後，興中會交通斷絕，無人辦理，遂由弟輩發起「中國共和黨」。但此赫然五個字發生於前清時代，防各同志往返內地不便，乃將中國只要一「中」字，共和只要一「和」字，「黨」字要半橛，合稱為「中和堂」。其時同志加入愈多，辦事愈進步，後合併於「同盟會」，繼且稱之為「中國同盟會」。至民國成立，方改名為「國民黨」耳。余自民國成立後，則未有出來辦事。但當民國初年，黎元洪在湖北武昌起義時，曾發數通電報與我，欲與吾面談。至袁世凱時亦然，屢發電報，催我北上。遲之又久，吾於民國二年三月方上北京，見袁世凱一面，後見得辦事愈難，幹無可幹，乃揀一件易辦之事去幹。因吾見中國道德衰落，民國成立後，且多有誤會孔子之教，與民有抵觸，蓋謂孔子為尊君，吾極不謂然。吾已再三研究清楚，特將孔子之書，重新編過。往時起民族革命，今則做孔教革命工夫，務革到妥協為止。因人有誤會孔教之真義原理，往往想入非非。現吾所著之書為《四書章節便覽》民國四年起首著作，民國九年出版。（此書祇係香港尖沙咀海防道永生牛奶公司有寄售。）然只一冊，便於攜帶。現更繼續編《四書新案》，大約三年時期方可編起，即使不能，亦可編起兩本上下論矣。余敢謂現在能救中國者，只孔子之道而已。何則？我現在遍觀中國之所以如此紊亂者，無秩序而已。何者為最良好之秩序，即孔子所謂「倫理」是也；有倫理方能有秩序，有秩序而後

天下和平。不過近今之人誤解孔子尊君，以為君臣二字今日不宜存在。須知君臣二字為廣義的君臣，非狹義的君臣；一家有一家之君臣，一省有一省之君臣，甚至藥材亦有君臣，不過君者為尊稱之詞，非祗皇帝可稱為君也。余之所以編者，專注意及此。

問：現在段執政曾有電報與先生磋商政見否？

答：曰有之，但吾之住址係甚少人知，所以凡有通信幾經轉接，方能收到。吾現在亦只知閉戶著書耳。

問：先生以廣東局面如何能使之平靜？

答：最好望武人覺悟息兵，孫中山亦有遺言，足見與吾同志。至於吾近日有打電上京，係為南方以孫中山之死稱為「薨」逝，實屬大謬，應稱為「崩」。

問：足下以天子德中山乎？

答：雖然天子死曰「崩」，惟中山曾為總統，〔所〕以不應儕在諸侯之列，誠恐付國史館或刻碑有悮，是以略及之。

問：先生以孫中山其人如何？

答：宗旨極好，毅力亦不可多得，惟辦事人材似乎不足耳。

問：段祺瑞又如何？

答：段氏似乎幾肯為國家者，如加入對德宣戰、掃除復辟幾件功勞，不可抹煞云云。

問：先生精神奕奕，春秋幾何？

答：六十一歲矣！

其後復談瑣事甚多，歷一點半鐘久，訪員方興辭而出，歸而紀其問答如右。

順德北水植基堂
尤氏家譜

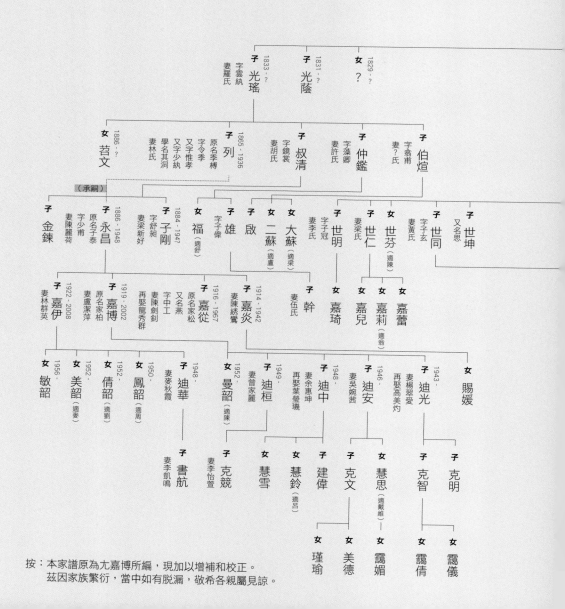

按：本家譜原為尤嘉博所編，現加以增補和校正。
　　茲因家族繁衍，當中如有脫漏，敬希各親屬見諒。

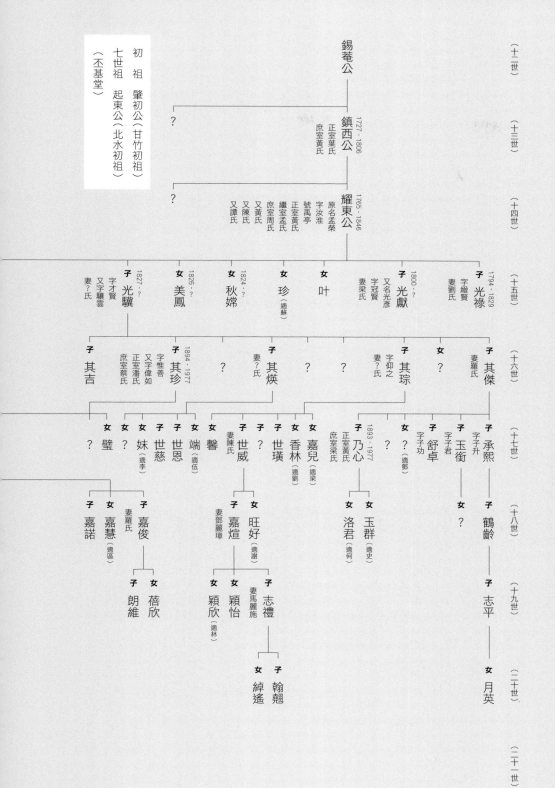

尤氏考證

尤嘉博

　　或問於余曰：「子之姓何以無一點？字典中之『尢』字乃音汪，而子則謂音由，亦有說乎？」余曰：「唯唯。蓋君之所查者，乃一般普通字典而已。如要考證，非作深入研究不可。」

　　按《正字通》云「尤，尢本字。」各大字典如《康熙字典》、《中華大字典》及《中文大辭典》等，均謂「尤」本作「尢」。稽之商代甲骨文，尢字作尢尢（見中國科學院考古研究所《甲骨文編》）；周代鐘鼎文作尢（容庚《金文編》）；秦小篆作尢（許慎《說文解字》）；漢繆篆作尢尢尢（羅福頤《漢印文字徵》），是則尢字無點，可為明證。至於尢音由，《說文解字》曰：「尢異也，從乙又聲，羽求切」，亦明矣。洎乎文字遷遷，由篆變隸，《居延漢簡》尢字寫作尢，《馬王堆》作尢，漢碑如《祀三公山碑》作尢，《石門頌》及《王純碑》均作尢，《禮器碑》則作尢，《衡方碑》、《劉熊碑》、《元賓碑》、《馮緄碑》等均作尢，皆將篆文尢之上端由彎形變為角形，但其實仍是相連為一筆過。後人不深究六書，將隸書尢字之右上端誤以為是一點，寫成尤字，於是以訛傳訛，沿誤迄今。又唐代懷仁集王羲之書《聖教序》、顏真卿書《顏家廟碑》、《李玄靖碑》、李邕書《法華寺碑》，又唐《葉慧明碑》、《基公塔銘》，及武周《王感墓誌》等，所書尢字亦無一點。今之不察，反將正確無點之尢字指為錯誤，誠為可歎也。

　　至於尢氏來源，漢有尢敞、尢明（見《十鐘山房印舉》及《漢印文字徵》），至宋之尤袤、清之尤侗，則為其較顯者。據宋人費袞《梁谿漫志》云：「尤姓系出吳興沈氏。唐末五代十國時，王

審知僭號於閩，沈姓居於閩者避審音，去水改為尢，是為尢氏之始。」因沈字去氵成為尢，尢與尤同音，於是乃變為尤姓，故有沈尤同源之說。惟費袞所謂「是為尢氏之始」者，實有誤導之處，因尢姓並不始於唐末，在漢或更前已有之。費氏之言，殆指江南一帶，因尢氏族人盛居蘇浙，如蘇州、無錫、吳縣等地，其後枝分葉佈，遍及於閩、粵、台灣，粵省則以順德縣為多，而海南島文昌縣亦有之。近日看電視《中國人》節目，謂黑龍江省烏蘇里江之赫哲族人中亦有姓尢者。各地族人當寫姓氏時，或有點，或無點，並無一定。據所知蘇州滾繡坊巷尢西堂祠，尢字無一點，惟無錫尤氏宗祠之尤字則有點。即今蘇州劉家濱及鳳凰街尢氏族人，書尢字亦多無點，而錫邑尤族則每多加點。嘗讀沈德潛編《清詩別裁集》（教忠堂版本），內載尤侗、尤珍、尢秉元、尢怡、尢埰等五人之詩。五人皆為江南長洲人（即今之蘇州），前二人之尤字皆有點，而後三人之尢字則無點，可見雖同屬一地，有點與無點，皆視乎其族人習慣使然，其實尢尤皆同出一源，都是一家人，固無分彼此者也。

嘗聞先祖尢列少紈公言：「無錫尤氏本亦無點，清高宗乾隆皇南遊時，抵無錫，曾將尢字誤寫作尤。族人當即稟告謂尢字並無一點，高宗乃將錯就錯曰：「既然如此，由朕御賜一點可也。」是故錫山尤氏宗祠，尢字本身髹黑色，而該點則髹紅色，即其族人寫姓氏時，該點亦須用紅硃筆書寫，以示尊崇御賜之意。」此舉殆近乎阿諛諂媚之行為，不宜效法。先祖少紈公與國父孫中山先生一同從事革命，與清廷為敵，自不稀罕所謂御賜，乃摒棄其一點，恢復尢字本來真面目，實大有意義存焉。

今者尢氏族人，多數不知尢字本源，每將其姓氏加上一點，雖無大礙，然究其實，亦應以無點之尢字方為正宗也。

又江蘇陳乃乾言：「曾閱某筆記，述尤姓來源甚異，謂明成祖時，方孝孺夷滅十族，族人或竄逸他處以避禍，乃改姓為尤，蓋將方字最後之一筆向左彎者反令之向右彎耳。」此說未可盡信，姑並錄之。

最後，仍須一提者，乃音汪之尤字本作尣，《說文》作尪，與尨迥異，切不可混淆不清，人云亦云也。

（附記：其他帶有「尤」之字，如「就」字、「稽」字，其「尤」之部分，亦應以無點為正。「稽」篆書作𥣫，隸書作稽，見《乙瑛》、《禮器》、《史晨》、《衡方》、《尹宙》、《樊敏》諸碑。顏真卿書《顏家廟碑》中之稽字亦無點。「就」篆書作𡓾，隸書作就，見《孔宙》、《衡方》、《景北海》、《夏承》、《孔羨》諸碑，而朝鮮《好大王碑》就字亦無點，豈禮失而求諸野乎！）

原文收於尤嘉博編：《尤列集》（香港：尤嘉博自刊，2002 年），頁 329－331。

尤嘉博書法，寫於 1990 年。
圖片來源：尤迪桓、尤曾家麗家藏照片

尤 列 生 平
大 事 年 表

1865 年

2 月 22 日（乙丑年正月廿七日）尤列生於廣東順德北水鄉新基坊一
個富裕家庭，家中排四，字令季，幼名季樽，學名其洞，原字惟孝，
別字少紈，號小園，又號吳興季子，晚號鉢華道人。祖父尤禹亭著有
《十三經注疏前文音釋》，父尤雲紈則著有《尚友草廬文集詩集》、《四
庫窺斑錄》及《四史詔令》。

1869 年（四歲）

開始接受教育，在從師學習的同時，亦受母親羅氏教養。

1874 年（九歲）

從陸南朗老師學習。陸南朗曉以民族大義，着尤列畢生銘記《易經》
中「湯武革命，順乎天而應乎人」一語。

1881 年（十六歲）

漫遊神州，先赴上海考察民情，再往日本長崎和神戶。

1882 年（十七歲）

是年春返上海，往還於杭州、嘉興、蕪湖、蘇州、常州和鎮江之間。

同年冬，在上海乘搭招商局輪船赴朝鮮仁川，返國登岸時夜已深，遂至天仙茶園訪友，不遇；適值洪門開會，尤列遂付費入會。此為尤列加入洪門之始。往南京，觀太平天國遺跡。

1883 年（十八歲）

是年春再往上海，轉天津赴北京，欲到東三省一觀塞外之情況，時值二月，北地苦寒，遂折返北京，從番禺梁杭雪讀書於報房胡同之法華寺。

1884 年（十九歲）

從北京十八站南下，再訪蘇杭，同年秋冬之際，往漢口、長沙、衡州、永州、桂林、梧州等地遊歷，然後返回廣東。

1885 年（二十歲）

是年春，第二次北上，經上海、天津而至北京，寓南城外仙城會館，仍從梁杭雪讀書。是年冬，再返廣東。

1886 年（二十一歲）

進廣州算學館求學。同年與孫中山初識於廣州，然交誼不深。

1887 年（二十二歲）

仍在廣州算學館求學。

1888 年（二十三歲）

自廣州算學館肄業，任廣東沙田局丈算總目。因職務之便，常往香港。尤列此時常到中環歌賦街楊耀記往訪同學楊鶴齡。孫中山亦在香港習醫，因與楊鶴齡有同鄉之誼，遂常往楊耀記串門。另外，尤列亦透過孫中山認識陳少白。四人常在楊耀記臧否時政，放言高論，故被時人稱為「四大寇」。

是年 10 月 10 日，四人與關景良在香港雅麗氏醫院合照一幀，以後流傳極廣。

1889 年（二十四歲）

任廣東輿圖局測量生。

1891 年（二十六歲）

尤列獲升遷之機會，被派充中法越南定界委員之助手，因不想離開廣東，遂辭職。

1892 年（二十七歲）

香港總登記官署招考華文書記，尤列赴港投考，應考者眾，逾四十人。尤列脫穎而出，成功考上該職。年薪一百八十元正。是年羅文玉介紹尤列加入楊衢雲等組織之輔仁文社。後在羅文玉婚宴上與楊衢雲詳談，彼此均懷革命思想，一拍即合，遂成莫逆。

1893 年（二十八歲）

楊衢雲主張先在廣州開會，孫中山等同意。尤列與輔仁文社社友周昭岳在順德松溪別墅自宅設興利蠶子公司。尤列等表面上是經營生意，實際是以此作革命志士通訊處。孫中山、陳少白、陸皓東和楊崑甫常到該處，居住數月或一年。青天白日旗乃陸皓東在松溪別墅住聽濤閣時所畫。初冬，尤列等在廣州廣雅書局南園之抗風軒討論革命的大方向。孫中山在會上倡議成立興中會，眾和之。

1895 年（三十歲）

是年初，孫中山自檀香山返港後，即與尤列和楊衢雲等，在香港中環士丹頓街十三號成立興中會，門外顏「乾亨」兩字。各人投票選舉黃勝兒子黃詠商為會長，屬輔仁文社而又加入者，則有楊衢雲、謝纘泰和周昭岳等，皆為尤列好友。黃詠商未幾辭，由楊衢雲替上。正月左右，孫、尤兩人籌劃種種細務。先是在廣州創設兩機關，一為城內雙門底黃家祠內的雲崗別墅，二為東門外鹹蝦欄張公館，另又在省城南北佈置若干儲物所和招待所，及購買二艘小輪。

1895 年夏、秋之間，有退伍軍人數百人散處深圳、鹽田、沙頭等地，遂全部加入興中會，圖謀大舉。楊衢雲安排朱貴全統領他們，集中在香港的九龍，準備在 10 月 25 日下午出發，連同軍火七箱，搭

乘保安輪赴省。楊衢雲預算這數百軍人登岸後即行起事，屆時自有響應，定可握守要津。惟事與願違，保安輪自香港開行後因小事須將貨物遷移位置，故將其他貨物，蓋過軍火七箱，延誤了起事。另外，粵督譚鍾麟等早已風聞此事，遂密令統領李家焯戒備。孫中山和尤列等知悉，即發急電「止辦」二字給在香港的楊衢雲，然而楊回覆說事已無法停止。沒多久，這些人全被擒獲，且官府在城內遍貼告示，下令捉拿孫中山、楊衢雲等。各革命志士倉徨出奔，亡命天涯。

起事失敗後，清政府派員來港，要求香港政府引渡起義份子回國。港督下令驅逐孫中山等離開香港，其他人則流亡海外。尤列離開中國赴越南西貢，楊衢雲稍後更挈家遠走南非。

1897 年（三十二歲）

潛回香港，組建中和堂，總堂始建於香港西貢。堂旨則取《中庸》「致中和，天地位焉，萬物育焉」之義，結合孔子遺訓和革命思想，專門從事連絡工界，且以青天八針白日為堂徽。

1898 年（三十三歲）

香港沙頭鄉人黃耀庭、黃雨帆、黃幹庭等，因香港興中會會長黃詠商和楊衢雲先後辭職，孫中山亦亡命天涯，會務無以為繼，會中同仁公推尤列暫時主持。

同年夏，尤列聞說廣西游勇李立庭起兵反清，遂與宋居仁和鄧蔭南往支援。惟到藤縣之時，李立庭早已敗走。尤列着宋、鄧二人先行離開，自己則留在梧州，以爭取更多革命志士。又清政府推行維新變法，一時人心傾向清室，革命處於低谷。

1899 年（三十四歲）

尤列為重振革命力量，遂東渡日本。他在橫濱成立中和堂，鼓吹革命。

1900 年（三十五歲）

參與大通之役與惠州起事。同年冬，尤列因參與革命而為清政府懸紅通緝，遂到日本暫避。

1901 年（三十六歲）

先是尤列在日期間，與孫中山同宿於日本橫濱山下町前田橋第百二十一番館，既與眾手定「中華民國」之號，又刻「中華民國萬歲」圓形印璽一枚。元旦，中和堂應日本華人留學生團體勵志會的邀請，派尤列、翟美徒出席勵志會在東京上野精養軒舉行的新年慶祝會。同日，尤列等號召中國諸留日學生，在東京宣佈首次啟用「中華民國萬歲」圓形印璽。

1 月 10 日傍晚，清廷派殺手陳林到楊衢雲位於香港中環結志街的寓所槍擊楊衢雲，楊中彈，延至 11 日傷重不治。尤列和孫中山在日本橫濱得楊衢雲之死訊電報，感到十分悲傷。尤列更即召集華僑中的興中會和中和堂諸同志，在永樂樓遙祭楊衢雲，又即場演說，述及楊衢雲的革命志事，會眾對於楊之橫死，悲痛莫名，合捐一千二百元，匯寄香港接濟楊衢雲遺屬。

是年秋，尤列轉赴南洋，在新加坡牛車水行醫濟世。後在當地創立中和堂，宣揚革命思想，與保皇黨角力。尤列初到貴境，未敢大肆高談革命。他走平民路線，以醫術接近群眾，及門求診者如市。尤列又常踏足煙館賭場，向草根華僑傳播革命反滿思想，結果自己亦染上吸食鴉片之習。嗣後尤列往吉隆坡、檳榔嶼、霹靂、柔佛各埠，得到了許多支持者，遂在吉隆坡創立中和堂。

1902 年（三十七歲）

是年初識新加坡富商陳楚楠、張永福。又在新加坡碧山亭籌建正原總墳，以作為中和堂人的公塚。

1903 年（三十八歲）

仍居新加坡。

1904 年（三十九歲）

張永福等在 1904 年首創《圖南日報》，傳播革命思想。尤列以「吳興季子」之名撰發刊辭，洋洋數千言，向廣大南洋華人揭櫫革命真理。

1905 年（四十歲）

孫中山在檀香山偶閱《圖南日報》，對南洋有革命報紙感到高興。

是年初夏，孫中山途經新加坡，與尢列、陳楚楠、張永福和林義順等見面。因新加坡當時仍禁止孫入境，不能登岸，故尢列等登船與孫中山會晤。

6 月 20 日，新加坡華人舉行反美集會。尢列和林文慶等輪流登台演說。他們提到美國華工條約如何苛刻，呼籲當地華人支持上海等地同胞的號召。

1906 年（四十一歲）

是年，孫中山再抵新加坡，英政府禁止孫入境期限已滿，張永福等遂在晚晴園接待孫。孫中山謂已在東京成立中國同盟會本部，他請尢列主盟於南洋，組織新加坡分會。尢列仍主力經營中和堂，遂改推舉陳楚楠為同盟會分會會長，並拍照留念。

1907 年（四十二歲）

是年冬，中和堂關仁甫、黃明堂、王和順等再在廣西鎮南關起事，因急需款項，尢列立即前往南洋各地，策動籌餉。

1908 年（四十三歲）

是年關仁甫、黃明堂、王和順等在雲南河口起事。黃明堂、關仁甫以雲貴正副都督名義佈告安民。關即進攻蒙自，擬會合臨安周雲祥部隊進攻昆明，惟清政府援軍又至，不敵，唯有走避安南，當時有六百餘人，最後被安南當局送往新加坡。據說在起事前後，尢列在河內，採暗渡陳倉之法，與革命志士九人，假扮鐵路工人，由河內偷運軍火進雲南，行至半路，正值法轄某市場墟期，惟同行的一些人未夠機警，持槍往市集，被法國官員發現，遂控以違例攜帶武器，十人全數被羈押，送往芒街、海防定案。當地革命黨人集資訴訟，務求為尢列等脫罪，惟終告失敗，尢等被遞解至新加坡。

1909 年（四十四歲）

是年 3 月，尤列因革命活動罪名為新加坡的英國官員所拘。後被囚於新加坡珍珠山監獄。坐牢二月，幸得營救，出獄後即到曼谷居住，繼續革命聯絡的工作。在暹羅時協助創辦《同僑日報》。

1910 年（四十五歲）

是年重返新加坡。

1911 年（四十六歲）

是年秋潛返中國，從事革命運動。當時廣東省的民軍，多為中和堂人士所率領（即為「中和北伐軍」）。廣州於 11 月 9 日光復。尤列當時遠在雲南，中和堂諸君發電請他到廣東主持大局。尤列認為廣東局勢底定，但其他地方尚未光復，即回電請各人一切聽從孫中山之命令。事實上在江浙一帶，革命黨人仍浴血奮戰，最後江浙聯軍總司令徐紹楨於 12 月 2 日才取下南京，擊潰清兵。徐紹楨為尤列好友，兩人墓地毗鄰，現已修復成南京保護文物。

1912 年（四十七歲）

1 月 1 日，孫中山在南京就任臨時大總統。

2 月中，清帝溥儀下詔退位。中和北伐軍宣佈解散，各歸本業。尤列亦本功成不居之心，退隱江湖。

2 月 13 日，孫中山宣佈辭去臨時大總統一職。

3 月 10 日，袁世凱在北京宣誓就任臨時大總統。

3 月 15 日，中和堂廣州支部長關仁甫召集廣州市中和堂同仁在東堤東園舉行懇親大會，為尤賀壽，會中高掛八針旗；到者七百多人，相當熱鬧。

1913 年（四十八歲）

6 月 3 日，尤列抵京，希望憑一己之力，排解各方分歧。早上到京，

共和黨、統一黨均派代表到車站迎接。時為大總統的袁世凱派王賡為代表往迎，又派總司令段祺瑞接待，派出馬隊迎至東廠胡同軍人俱樂部居住。尤列留京期間，積極與當道要人見面，勸他們招攬華僑回國，請他們領導推行實業救國，以及當管理新事業的官員。

袁世凱招尤列入京，欲利用他以分化離間孫中山、黃興等。惟尤列不從，先避地天津，再潛渡他方。

尤列曾將袁世凱的政治野心情狀，密告雲南都督蔡鍔，另又組「中和救世軍」。

1914 年（四十九歲）

居日本。

是年一戰爆發。1914 年 8 月 10 日，特地從神戶發電，談他對時局的看法，希望中國政府警醒。

1915 年（五十歲）

仍居日本。命關仁甫等預備在廣東起兵反袁。

1916 年（五十一歲）

仍居日本。袁世凱稱帝失敗，未幾因尿毒惡化逝世。袁死，中和救世軍亦解散。

是年春開始編纂《四書章節便覽》。此書是尤列校定的《四書》白文。

1917 年（五十二歲）

仍居日本。

繼續編纂《四書章節便覽》。

1918 年（五十三歲）

仍居日本。

是年冬完成《四書章節便覽》的編纂工作。

1919 年（五十四歲）

仍居日本。

是年春《四書章節便覽》整理就緒。

為出版《四書章節便覽》一書，向梁允升貸款日幣五百圓，以為印刷費用，並立下借據。

1920 年（五十五歲）

仍居日本。

《四書章節便覽》正式出版。此書之成，得門人盧廉之助甚多。

1921 年（五十六歲）

1920 年末孫中山南下護法，未幾在廣州召開非常會議，及在粵秀山督軍署原址設總統府。孫憶及舊友「四大寇」，遂在 1921 年聘尤列為總統府顧問，並派人邀楊鶴齡和陳少白來。三人入住粵秀樓側文瀾閣。尤列平素留心時局發展，遂將自己的見解盡告孫中山，其中包括：聯省自治、實行孔教、推崇倫理、明定學級、集權國會、全民組閣、模範金貨、公開礦務、改革海軍、開闢虎門、廣設船廠、改革外交、廢除煩苛、減輕賦稅。此十四點立論雖好，惜孫中山在粵實力薄弱，偏安一隅，其中若干要點亦非孫中山所樂聞。因為種種原因，尤列稍留便返香港。

1922 年（五十七歲）

仍居香港。

約在是年至 1923 年間在九龍旺角廣華道二號創辦皇覺書院。

1923 年（五十八歲）

仍居香港。

1924 年（五十九歲）

仍居香港。

約在是年起，尢列開講《孔教革命》。

1925 年（六十歲）

仍居香港。

3 月 12 日孫中山病逝於北京。尢列「聞耗，泫然流涕曰：『良友既沒〔歿〕，肩一國之重者誰耶？』」稍後有說孫在遺囑中，推舉尢列繼任國民黨總理。《南華早報》曾派員訪問尢列。

9 月，北京有名流和政客等，有見廣州情況混亂，希望能得救助之法，故連日發電報促請尢列北上，共籌解決之法。故尢列於是年秋乘加拿大皇后輪船往上海。有說尢列這次赴滬，是為了華僑選舉事。

10 月尾搭船返廣州。

1926 年（六十一歲）

仍居香港。

1927 年（六十二歲）

仍居香港。

5 月 17 日，發表〈對時局之宣言〉，闡明中和黨的立場。

1928 年（六十三歲）

仍居香港。

是年春，在上環杏花樓召集發起人聚會，商討籌建孔聖堂事宜。尢列亦有出席。他登台演講，申明孔道之要，全座熱烈鼓掌。後在香港富商曾富大力支持下，終在香港銅鑼灣加路連山道建成孔聖堂，至今仍為該區地標。

協助籌建孔聖堂。

是年冬，出版《孔教革命》一書。此書乃尤列門人筆錄他平日之講學內容。

1929 年（六十四歲）

仍居香港。

1930 年（六十五歲）

仍居香港。

1931 年（六十六歲）

仍居香港。

尤列一向提倡中醫，自己亦為中醫業者。是年 8 月與香港中醫何佩瑜、盧覺非等合組香港中華國醫學會，尤列被推舉為幹事長。他又兼任中央國醫館廣東分館名譽理事、僑港中醫師公會名譽顧問、九龍樂善堂義務醫師等。

9 月 18 日，日軍發動侵華，東三省淪入日人之手。後國民政府召開國難會議，曾聘尤列為議員，尤列本擬參加，因路途太遙遠，未有北上。

1932 年（六十七歲）

仍居香港。

1933 年（六十八歲）

仍居香港。

1934 年（六十九歲）

仍居香港。

8 月 29 日，楊鶴齡病卒於澳門水坑尾青磚巷十四號寓所。楊鶴齡在民國成立之後，只在政府任職了很短時間。後定居澳門，晚年生活潦

倒，家徒四壁。

12 月 23 日，陳少白與世長辭。是年春、夏之間，陳少白胃病甚烈，飲食也成問題。為了養病，擬北上調養，遂於 9 月赴北京，惜身體情況仍是一進一退，住院二個多月後，終逝世。

1935 年（七十歲）

仍居香港。

是年為尤列七十大壽。4 月 29 日，賀壽慶典在九龍油麻地大觀酒樓舉行。黨國要人題贈之賀聯詩詞，遍懸牆上；賓客如雲，多是革命先進。當日上午十一時許，尤列兒子尤永昌和尤氏家族各人，以及同盟會和興中會各老戰友，均一一到齊。至十二時許，各界來賓逾千人來到酒樓，可謂盛況空前。宴會直至晚上八時許始散。

1936 年（七十一歲）

仍居香港。

先是中央當局感謝尤列支持政府、力維全國統一的美意，且念及尤列年高德劭，是孫中山碩果僅存的革命老戰友，故屢次邀請尤列赴京。是年夏，尤列有感國難方殷，遂不計自己年老體衰，毅然上路。

8 月 28 日，尤列乘克利扶輪總統號自香港抵上海，同行有孫兒尤嘉從、秘書馬白眉、陳靜菴醫師等。

9 月 15 日，他在南京中央廣播電台演講，談全國團結抗日的重要性。

24 日，尤列由上海抵達南京。當時曾發表書面談話，謂南京是孫中山創立的首都，自己已有十多年沒有到訪了，此來是往拜祭孫中山，順道探訪舊友。

26 日，尤列偕時為立委的馮自由和隨員等，前往孫中山在南京的陵墓拜祭，由馬湘當司儀、行禮獻花後，尤列宣讀早已預備好的祭文。尤列讀未及半，憶起故友種種，泣不成聲。

28 日早上，尤列往國府拜訪國府主席林森，談逾一小時後離開。林森旋回訪尤列所居旅舍，彼此暢談舊事。

10 月 14 日，遷進新居。尤列在南京時，原居於旅館，後國民黨中央秘書處租下洋房一幢給他。

尤列年老體弱，自知時日無多，遂在 10 月 27 日預立遺囑，由馬白眉、尹冶純筆記。遺囑主要談國家大事，惦念着海外華僑，談自己的身後事卻只得寥寥數句。

11 月 12 日下午，尤列喘疾突轉急劇，延至晚上 7 時 35 分不治。這一天亦恰恰是孫中山的生忌。

13 日晨，遺體安排在莫愁湖路仁孝殯儀館入殮。

16 日，尤列的大殮儀式在南京仁孝殯儀館舉行，弔祭者甚多，多為革命元勳和黨國要人。

12 月 6 日，尤列公祭在香港九龍廣東道大成學校舉行。

20 日，各界人士出席在香港培德中學舉行的追悼大會。

1937 年
是年夏，尤列遺體下葬南京郊外之麒麟門外小白龍山，與先友徐紹楨為鄰。孫科主持葬禮，儀式隆重。葬後未久，七七盧溝橋事變爆發。

（本年表所本材料出處，詳見正文。編製時參考了尤嘉博〈尤列先生年譜〉，收於尤嘉博編：《尤列集》，頁 285－314）。

參 考 書 目

中文部分（按筆畫排序）

一手資料

資料庫

主要採自《全國報刊索引》資料庫（包括《民國時期期刊全文資料庫
（1911－1949）》、《晚清期刊篇名資料庫（1833－1911）》、《民
國時期期刊篇名資料庫（1911－1949）》）（http://www.cnbksy.
com）、https://mmis.hkpl.gov.hk〔簡稱 mmis〕、Trove National
Library of Australia 等。

《大公報》（mmis）
《天光報》（mmis）
《東華報》（Trove National Library of Australia）
《香港工商日報》（mmis）

《循環日報》（mmis）
《華僑日報》（mmis）

專著

尢列：《孔教革命》（香港：天演齊衛生露總發行所，1928 年）。
尢列編：《四書章節便覽》（神戶：萬生堂，1920 年）。
尢嘉博編：《尢列集》（香港：尢嘉博自刊，2002 年）。
李仙根原著，王業晉編：《李仙根日記・詩集》（北京：文物出版社，
　　2006 年）。
冼江：《中國中和黨總理尢列革命年表》（出版地不詳：作者自刊，1948
　　年）。
尚秉和：《辛壬春秋》（北京：中國書店，2010 年）。
南京市檔案館編：《審訊汪偽漢奸筆錄》（南京：江蘇古籍出版社，1992
　　年），上冊。
唐恩溥：《文章學》（香港：白沙文化教育基金會總代售，1961 年）。
容庚原著，夏和順整理：《容庚北平日記》（北京：中華書局，2019 年）。
張永福：《南洋與創立民國》（上海：中華書局，1933 年）。
郭廷以校閱，沈雲龍訪問，謝文孫紀錄：《傅秉常先生訪問紀錄》（台北：
　　中央研究院近代史研究所，1993 年）。
陳德芸：《陳少白先生年譜》，收於北京圖書館編：《北京圖書館藏珍本
　　年譜叢刊》（北京：北京圖書館出版社，1999 年），第 192 冊，頁
　　310－327。
陸敬科：《華英文化捷徑》（香港：香港文裕堂印刷，1894 年）。
《順德尢列先生八秩開一榮壽徵文啟》（無出版地：無出版社，1935 年）。
馮自由編：《革命逸史初集》（上海：商務印書館，1946 年）。
楊拔凡、楊興安：《楊衢雲家傳》（香港：新天出版，2010 年）。
葉夏聲：《國父民初革命紀畧》（廣州：孫總理侍衛同志社，1948 年）。
鄒魯編：《中國國民黨史稿》（第一篇）（上海：商務印書館，1947 年）。
劉禺生：《世載堂雜憶》（北京：中華書局，1960 年）。
饒宗頤編：《新加坡古事記》（香港：香港中文大學出版社，1994 年）。

期刊、報紙文章、檔案

主要採自《全國報刊索引》資料庫（包括《民國時期期刊全文資料庫
（1911－1949）》、《晚清期刊篇名資料庫（1833－1911）》、《民國時
期期刊篇名資料庫（1911－1949）》）（http://www.cnbksy.com）等。

〈（三）呈中央執行委員會請撫卹江恭喜〉，《西南黨務月刊》，1932 年，
第 4 期，〈重要公文〉，頁 2－3。

〈大元帥令（中華民國十三年九月一日）：派李卓峯、伍大光、謝適群、徐
希元、林子峯、陸敬科、薛錦標、徐紹梤為銅鼓開埠籌備委員此令〉，
《陸海軍元帥大本營公報》第 25 期（1924），頁 22－29。

〈大東亞戰爭時期海外華僑之動向：僑務特派員張永福談宣慰泰越僑胞之
經過〉，《僑聲》，1942 年，第 4 卷，第 8 期，頁 47－50。

小同志：〈尤列壽會速記〉，《福爾摩斯》，1935 年 5 月 14 日。

尤少紈：〈黃歇浦偶吟一章錄呈諸吟壇正拍〉，《字林滬報》，1884 年 8
月 19 日。

〈尤少紈先生軼事〉，《小日報》，1936 年 11 月 24 日。

〈尤少紈嗜蚶成習慣〉，《世界晨報》，1937 年 7 月 9 日。

尤列：〈《尤氏大統宗譜》序〉，《小日報》，1935 年 8 月 15 日。

尤烈：〈尤烈先生講詞〉，《樂天報》，1923 年第 52 期，頁 18－22。

尤列：〈順德尤氏世系考略（上）〉，《小日報》，1936 年 9 月 4 日。

〈尤列先生之遺囑〉，《小日報》，1936 年 11 月 18 日。

尤毅盦：〈歡迎尤少紈先生〉，《小日報》，1936 年 9 月 25 日。

〈中和黨的新舊兩派（下）〉，《小日報》，1947 年 10 月 25 日。

〈中國發明飛艇家謝君纘泰小傳〉，《小說月報》，1910 年，第 1 卷第 4
期，頁 1－3。

天南俠子：〈游上野觀西鄉隆盛遺跡〉，《清議報》，1899 年，第 29 期，
頁 1。

〈尤列在京將向中央獻寶〉，《上海報》，1936 年 10 月 2 日。

〈尤烈昨謁林主席〉，《中央日報》，1936 年 9 月 29 日。

〈尤列遷入新居〉，《上海報》，1936 年 10 月 15 日。

〈尤烈先生一席談〉，《香港華字日報》，1925 年 3 月 26 日。

〈仕商告白：一葉樓孔道講堂〉，《天南新報》，1904 年 3 月 1 日。

《北洋畫報》，1936 年，第 30 卷第 1480 期，無頁數。

半老〔尤列〕：〈楊衢雲：中國革命興中會最初之實錄〉，《香港公平報半

月刊》，1928 年，第 5 期，頁 10－14。

〈古文法度論〉，《香港青年》，1933 年，第 1 卷第 9 期，頁 65－66。

本報資料室：〈中和黨主席尤永昌小史〉，《遠東周報》，1947 年，第 1
　　期，頁 8－9。

〈本黨消息：共和黨留日神戶分部本屆職員一覽〉，《讜報》，1913 年，
　　第 2 期，〈本黨消息〉，頁 56。

如是：〈雜俎（七）：尤列遺聞〉，《中國農民銀行月刊》，1936 年，第 1
　　卷第 11 期，頁 114。

〈老民黨李天德全家被捕〉，《鐵報》，1936 年 3 月 10 日。

老生：〈粵富豪霍芝庭逝世〉，《晶報》，1939 年 10 月 21 日。

〈老革命家尤列〉，《大眾畫報》，1935 年第 19 期，頁 25。

〈西鄉隆盛〉，《紹興白話報》，1905 年，第 76 期，頁 4。

〈何佩瑜君演說〉，《樂天報》，1921 年，第 12 期，頁 14－17。

〈吳子垣在滬逝世〉，《中央日報》，1945 年 1 月 22 日。

〈吳錦堂壽辰詳誌〉，《中國實業雜誌》，1914 年，第 5 卷第 12 期，〈近
　　事〉，頁 6。

志圭：〈興中會創立地點事跡考〉，《建國月刊》，1934 年，第 11 卷第 1
　　期，頁 1－4。

〈李仙根昨晨病逝〉，《中央日報》，1943 年 6 月 16 日。

〈李仙根逝世〉，《大公報》（重慶），1943 年 6 月 16 日。

〈李紀堂逝世〉，《大公報》（桂林），1943 年 10 月 9 日。

李嶧琴述：〈尤列略歷〉，《時報》，1925 年 10 月 3 日。

李嶧琴述：〈尤列略歷〉（續），《時報》，1925 年 10 月 4 日。

杜貫之：〈登神戶摩耶山〉，《讜報》，1913 年，第 4 期，〈藝譚〉，頁 2。

汪精衛：〈廖仲愷先生傳略〉，《國民新聞副刊》，1928 年，〈廖仲愷先生
　　逝世三周年紀念號〉，頁 2－4。

貝少芬：〈張永福潦倒都門〉，《真報》，1948 年 4 月 20 日。

侯鴻鑑：〈神戶旅行筆記〉，《中華教育界》，1915 年，第 4 卷第 5 期，
　　頁 1－3。

南遊人：〈星加坡風土記〉，《通問報：耶穌教家庭新聞》，1906 年，第
　　210 期，頁 7。

〈紀事：撫恤：優恤林直勉方聲濤楊鶴齡三同志〉，《中央黨務月刊》，
　　1934 年，第 74 期，頁 728－729。

〈要電〉，《時報》，1909 年 3 月 28 日。

〈革命元勳尤列近況〉，《上海報》，1935 年 3 月 7 日。

〈革命老同志黎萼獄中革命記〉，《力報》，1938 年 5 月 15 日。

〈革命前輩陳少白病逝〉，《時報》，1934 年 12 月 28 日。

容媛：〈二十二年（七月至十二月）國內學術界消息：悼柯劭忞簡朝亮先生〉，《燕京學報》，1933 年，第 14 期，頁 261－262。

籾平：〈張永福與拒賄議員〉，《東方日報》，1940 年 6 月 10 日。

〈海內外紀聞：星加坡華僑之歷史〉，《華商聯合報》，1909 年，第 18 期，頁 5－6。

《神戶華僑商業研究會季報》，1917 年，第 7 期，〈致哀錄〉，頁 100。

〈神戶華僑歸投革軍之踴躍〉，《新聞報》，1911 年 12 月 4 日。

神探：〈簡照南藏書出售〉，《東方日報》，1943 年 6 月 8 日。

〈航業紀聞：星架坡航業之進步〉，《萬國商業月報》，1908 年，第 8 期，頁 45－46。

〈財政部令〉，《財政月刊》，1917 年第 4 卷第 40 號，頁 4－5。

高永霄：〈悼念韋達碩士（三）〉，《華僑日報》，1977 年 9 月 20 日。

高廷梓：〈記鍾榮光先生〉，《讀書通訊》，1943 年，第 57 期，頁 8－10。

〈國府褒揚黃明堂〉，《益世報》（重慶版），1939 年 3 月 26 日。

〈張永福假釋出獄！〉，《快活林》，1946 年，第 19 期，頁 9。

〈張永福贈尤列詩〉，《中央日報》，1936 年 10 月 6 日。

〈悼尤少紈先生〉，《小日報》，1936 年 11 月 14 日。

陳一峯：〈張永福先生訪問記〉，《華文大阪每日》，1940 年，第 5 卷，第 11 期，頁 37－38。

陳春生：〈革命逸聞：（一）楊鶴齡之四寇堂〉，《經緯》，1945 年，第 3 卷，第 1 期，頁 6。

麥梅生：〈革命老信徒宋居仁先生歷史〉，《真光雜誌》，1937 年，第 36 卷第 9 期，頁 53－55。

寒邨：〈黃明堂久蟄思動〉，《上海報》，1930 年 10 月 2 日。

馮自由：〈革命詩人廖平子〉，《組織》，1943 年，第 1 卷第 13 期，頁 15。

〈黃明堂逝世〉，《大公報》（重慶），1939 年 2 月 11 日。

黃麟書：〈悼鍾榮光先生〉，《廣東教育戰時通訊》，1942 年，第 52－53 期，頁 2。

〈楊鶴齡事略〉，收於《中山文獻》編輯室編：《中山文獻》，1947 年創

刊號，頁 11。

〈楊鶴齡原函〉，見〈國葬孫總理太夫人及撫恤諸先烈案（一）〉，《中央政治會議廣州分會月刊》，1928 年，第 13 期，頁 101－104。

〈煙草大王簡照南〉，《東方日報》，1943 年 8 月 7 日。

〈團體及個人消息：陳少白同學小史〉，《私立嶺南大學校報》，1935 年第 7 卷第 9 期，頁 112。

劉學愷：〈四大寇珍聞〉，《劍聲》，1932 年，第 1 卷第 1 期，頁 116。

墨生：〈悼陳柱尊先生〉，《鍛鍊》，1945 年，第 6 期，頁 23－26。

《廣東公報》，1915 年第 969 期，頁 17。

稽鏡：〈神戶華僑之經商情形（六年春季報告）（附表）〉，《農商公報》，1918 年第 4 卷第 10 期，〈報告門〉，頁 13－25。

〈褒卹楊故同志心如楊故委員熙績〉，《國民政府公報》，1947 年，第 2754 期，頁 49－50。

〈褒揚黎蕚〉，《新聞報》，1947 年 6 月 19 日。

〈學界：長崎創設學堂橫濱之小學校神戶之同文學校皆華人所釀資創建組織〉，《之罘報》，1905 年，第 4 期，頁 17－18。

靜樓：〈革命元勳：鄧蔭南上將事略〉，《永安月刊》，1943 年，第 53 期，頁 9。

〈嶺南時人為革命先進尤列祝壽〉，《東華報》，1935 年 6 月 8 日。

謝英伯：〈謝英伯先生自傳——人海航程〉，載秦孝儀編：《革命人物誌》第 19 集（台北：中央文物供應社，1968 年），頁 294－369。

褋事類：僑商張永福之發明權〉，《僑務》，1923 年，第 65 期，頁 54。

羅什：〈黃明堂革命史（上）〉，《社會日報》，1933 年 7 月 16 日。

羅什：〈黃明堂革命史（下）〉，《社會日報》，1933 年 7 月 17 日。

羅鎮開：〈七三叟崔通約悼尤烈先生〉，《晶報》，1936 年 11 月 16 日。

關仁甫述；龍振濟記：〈四十年來革命回顧錄〉，《逸史》，1939 年，第 1 卷第 1 期，頁 5－7。

〈關仁甫重振「中和堂」記〉，《小廣州人雜誌》，1948 年，第 44 期，頁 10－11。

〈黨員錄：中國國民黨神戶交通部職員名表〉，《國民雜誌》，1913 年，第 1 期，頁 130－131。

〈鐵血團首領李天德先生〉〔原文無標題，由筆者代擬〕，《光報》，1929 年 10 月 10 日。

《北洋政府外交部》，〈請壯民氣以固根本由〉，中央研究院近代史研究所

檔案館藏，館藏號 03-36-001-01-107。

觀願：〈弔先君墓〉，《羅漢菜雜誌》，1942 年，第 31 期，頁 28。

觀願：〈吊先君楊公衢雲墓〉，《佛海燈》，1937 年，第 2 卷第 8 期，頁 14。

觀願：〈香港失陷遙弔先君〉，《慧燈月刊》，1942 年，第 8 期，頁 9。

二手資料

專著

丁新豹、盧淑櫻：《非我族裔：戰前香港的外籍族群》（香港：三聯書店，2014 年）。

尤迪光、尤迪桓編：《四大寇：尤列》（香港：尤迪桓自刊，2007 年）。

王賡武編：《香港史新編（增訂版）》（香港：三聯書店，2016 年）。

余齊昭：《孫中山文史圖片考釋》（廣州：廣東省地圖出版社，1999 年）。

李金強：《中山先生與港澳》（台北：秀威資訊科技，2012 年）。

李國樑：《大眼雞‧越洋人》（新加坡：水木作坊出版社，2017 年）。

李穗梅主編；李興國、曾舒慧撰稿：《孫中山與帥府名人文物與未刊資料選編》（廣州：廣東科技出版社，2011 年）。

沈殿中：《中日交流史中的華僑》（瀋陽：遼寧人民出版社，1991 年）。

星雲大師監修；慈怡主編：《佛光大辭典》（高雄：佛光出版社，1988 年）。

馬宗霍：《中國經學史》（台北：台灣商務印書館，1992 年）。

郭廷以：《近代中國史綱》（重排本）（香港：香港中文大學出版社，2019 年）。

陳春生：《政黨論：孫中山政治思想研究》（一）（台北：台灣商務印書館，2014 年）。

陳錫祺主編：《孫中山年譜長編》（北京：中華書局，2003 年）。

黃仲文：《民國余上將漢謀年譜》（台北：台灣商務印書館，1990 年）。

黃宇和：《孫中山：從鴉片戰爭到辛亥革命》（台北：聯經出版事業公司，2016 年）。

黃振威：《傅秉常傳：從香港大學到莫斯科中國大使館》（香港：中華書局，2018 年）。

黃振威：《番書與黃龍：香港皇仁書院華人精英與近代中國》（香港：中華書局，2019 年）。

黃賢強：《跨域史學：近代中國與南洋華人研究的新視野》（台北：龍視界，
　　2015 年）。

黃耀堃、丁國偉：《唐字音英語和二十世紀初香港粵方言的語音》（香港：
　　香港中文大學中國文化研究所吳多泰中國語文研究中心，2009 年）。

萬仁元編：《國民黨統治時期的小黨派》（北京：檔案出版社，1992 年）。

蔣永敬：《孫中山與辛亥革命》（台北：台灣商務印書館，2011 年）。

蔣英豪：《黃遵憲師友記》（香港：香港中文大學出版社，2002 年）。

鄧家宙：《香港佛教史》（香港：中華書局，2015 年），頁 53。

蕭公權：《中國政治思想史》（台北：聯經出版事業公司，1982 年）。

顏清湟著，李恩涵譯：《星馬華人與辛亥革命》（台北：聯經出版事業公司，
　　1982 年）。

魏應麒：《中國史學史》（上海：商務印書館，1947 年）。

羅晃潮：《扶桑覓僑踪》（廣州：暨南大學出版社，1994 年）。

羅婉嫻：《香港西醫發展史》（香港：中華書局，2018 年）。

期刊、報紙文章

王玉國：〈丁家立與北洋大學堂〉，《天津大學學報：社會科學版》，2003
　　年第 1 期，頁 71－76。

王楊紅：〈中和堂的興起、發展及其與興中會、同盟會的關係〉，《華僑華
　　人歷史研究》，2012 年 9 月第 3 期，頁 51－61。

王興瑞：〈清季輔仁文社與革命運動的關係〉，《史學雜誌》，1945 年，
　　創刊號，頁 35－45。

何漢威：〈廣東進士賭商劉學詢（1855－1935）〉，《中央研究院歷史語
　　言研究所集刊》，2002 年，第 73 本第 2 分，頁 303－354。

李薇：〈淺論晚清科學家鄒伯奇的方志輿圖測繪成就〉，《黑龍江史志》，
　　2016 年第 2 期，頁 60－64。

周肇祥：〈清梁于渭畫早菱〉，《藝林月刊》，1930 年，第 2 期，頁 14。

高東輝：〈「四大寇」合影時間考〉，《五邑大學學報：社會科學版》，
　　2010 年，第 12 卷第 4 期，頁 42－44。

章志誠：〈尤列與中和堂〉，《杭州師範學報（社會科學版）》，1985 年第
　　3 期，頁 46－54。

郭天祥：〈黃世仲生平考辨二題〉，《清末小說》，2006 年，第 29 號，頁
　　93－99。

陳曉平：〈温宗堯：從新人物到老漢奸〉（http://59.41.8.205/gxsl/zts/rwcq/201201/t20120111_27789.htm）。

楊劍花：〈清季蘇報案始末與人物概述〉，《新江蘇月刊》，1942 年，第 1 卷，第 2 期，頁 49－50。

賴志成：〈孔聖堂創辦人的思想：論尤列的「化西」治國理念及「體用論」的現代轉型〉，《國文天地集》，2019 年，第 408 期，頁 84－97。

謝文勇：〈清代廣州的兩位民間狀元〉，《廣州研究》，1986 年，第 2 期，頁 42。

學位論文

尤曾家麗：《尤列與辛亥革命》（香港大學碩士論文〔Thesis (M.A.)〕）（未刊稿），2009 年。

英文部分（按字母排序）

一手資料

報刊／資料庫

The China Mail (mmis)
Hong Kong Blue Book for the Year 1892
The Hong Kong Government Gazette
The Hong Kong Telegraph (mmis)
The Yellow Dragon

專著

Sun Yat Sen, *Kidnapped in London* (Bristol: J W Arrowsmith Ltd. &

London: Simpkin, Marshall, Hamilton and Co., 1897).

T'ang Leang-li, *The Foundations of Modern China* (London: Noel Douglas, 1928).

Tse, Tsan-tai, *The Chinese Republic: Secret History of the Revolution* (Hong Kong: South China Morning Post, 1924).

Wong Kin (compiled), *International Chinese Business Directory of the World* (San Francisco: International Chinese Business Directory Co., Inc., 1913).

期刊、報紙文章

S. H. Cheung, "Frank's Letter", *Chung Hwa English Weekly*, June 1924, Vol. XI, No. 263, p. 77.

"More About Dr. Sun Yat-sen: Mr. Wen Tsung-yao's Views," *The World's Anglo-Chinese Weekly*, 12 April 1925, pp. 11, 14-17.

二手資料

專著

Brian Edward Brown, *The Buddha Nature: A Study of the Tathāga-tagarbha and Ālayavijñāna* (Delhi: Motilal Banarsidass Publishers, 2010).

Sonia Lightfoot, *The Chinese Painting Collection and Correspondence of Sir James Stewart Lockhart (1858-1937)* (Lewiston, N.Y.: Edwin Mellen Press, 2008).

Harold Z. Schiffrin, *Sun Yat-sen and the Origins of the Chinese Revolution* (Berkeley and Los Angeles: University of California Press, 1968).

Gwenneth Stokes & John Stokes, *Queen's College: Its history 1862-1987* (Hong Kong: Queen's College, 1987).

Martin C. Wilbur, *Sun Yat-Sen, Frustrated Patriot* (New York: Columbia University Press,1976).

期刊文章

Gilbert F. L. Chan, "An Alternative to Kuomintang—Communist Collaboration: Sun Yatsen and Hong Kong, January-June 1923," *Modern Asian Studies*, 13:1 (1979), pp. 127-139.

日文部分（按筆畫排序）

一手資料

專著、檔案

JACAR（アジア歴史資料センター）Ref.B03050064800、各国內政関係雑纂／支那ノ部／革命党関係（亡命者ヲ含ム）第二巻（1-6-1-4_2_1_002）（外務省外交史料館）。

外務省東亞局編：《新國民政府人名鑑》（東京：外務省東亞局，1940 年）。

外務省情報部編：《現代支那人名鑑》（東京：東亞同文會調查編纂部，1924 年）。

外務省情報部編：《現代支那人名鑑》（東京：東亞同文會調查編纂部，1925 年）。

安藤德器編譯：《汪精衛自叙伝》（東京：講談社，1940 年）。

波多野乾一：《現代支那の政治と人物》（東京：改造社，1937 年）。

品川仁三郎編：《孫文先生東游紀念寫真帖》（神戶：日華新報社，1913 年）。

富本北嶺編：《日本書画名家全書》（上）（大阪：矢島誠進堂，1911 年）。

德富猪一郎：《野史亭獨語》（東京：民友社，1926 年）。

鍋島直身編：《神戶名勝案內記》（神戶：日東館，1897 年）。

二手資料

專著

玄洋社社史編纂会編：《玄洋社社史》（新活字復刻版）（東京：書肆心水，
　　2016 年）。
石瀧豊美：《玄洋社‧封印された実像》（福岡：海鳥社，2010 年）。
臼井勝美等編：《日本近現代人名辞典》（東京：吉川弘文館，2001 年）。
近代中国人名辞典修訂版編集委員会編：《近代中国人名辞典》（修訂版）
　　（東京：霞山会、国書刊行会，2018 年）。
浦辺登：《玄洋社とは何者か》（福岡：弦書房，2017 年）。
神戸市立博物館編：《古代から現代へ KOBE 歴史の旅 神戸市立博物館歴
　　史展示ガイド》（神戸：神戸新聞総合出版センター，2019 年）。
鴻山俊雄：《神戸大阪の華僑──在日華僑百年史》（神戸：華僑問題研究
　　所，1979 年）。
読売新聞西部本社編：《大アジア燃ゆるまなざし：頭山満と玄洋社》（福
　　岡：海鳥社，2001 年）。

人間到處有青山

四大寇之尤列傳

尤曾家麗　黃振威　著

責任編輯　黎耀強
裝幀設計　霍明志
排　版　時潔
印　務　劉漢舉

出版
中華書局(香港)有限公司
香港北角英皇道四九九號北角工業大廈一樓 B
電話：(852) 2137 2338　傳真：(852) 2713 8202
電子郵件：info@chunghwabook.com.hk
網址：http://www.chunghwabook.com.hk

發行
香港新界荃灣德士古道 220-248 號
荃灣工業中心 16 樓
電話：(852) 2150 2100　傳真：(852) 2407 3062
電子郵件：info@suplogistics.com.hk

印刷
美雅印刷製本有限公司
香港觀塘榮業街六號海濱工業大廈四樓 A 室

版次
2020 年 12 月初版
©2020 中華書局(香港)有限公司

規格
16 開(230mm×170mm)

ISBN
978-988-8676-82-8